江晓原 著

科学外史 V

中信出版集团 | 北京

图书在版编目（CIP）数据

科学外史．V / 江晓原著．-- 北京：中信出版社，
2024.2
ISBN 978-7-5217-6200-6

Ⅰ．①科… Ⅱ．①江… Ⅲ．①科学知识－普及读物
Ⅳ．① Z228

中国国家版本馆 CIP 数据核字 (2023) 第 226075 号

科学外史 V
著者：　江晓原
出版发行：中信出版集团股份有限公司
（北京市朝阳区东三环北路 27 号嘉铭中心　邮编　100020）
承印者：　河北鹏润印刷有限公司

开本：880mm × 1230mm　1/32　　印张：8　　字数：167 千字
版次：2024 年 2 月第 1 版　　印次：2024 年 2 月第 1 次印刷
书号：ISBN 978-7-5217-6200-6
定价：69.00 元

目录

自序

《科学外史》最初是我为法国著名科学杂志《新发现》（*SCIENCE & VIE*）中文版所撰写的“科学外史”专栏，始于2006年7月。每月1篇，每篇3页2700字（早期为每篇2页2000字）。最初的撰写工作一直持续到2021年12月，中方与法方的合作结束，《新发现》中文版停刊。从2022年1月起，“科学外史”专栏移至《第一财经日报》，名称改为“科学外史II”，仍是每月1篇，每篇2700字。这个专栏至今已17年，仍在持续写作中。

在此期间，该专栏的文章多次结集出版。首次出版的是2013年复旦大学出版社出版的《科学外史》，该书荣膺首届“中国好书”及2014年上海图书奖一等奖等多种荣誉。2014年，复旦大学出版社推出的《科学外史II》，又获中央国家机关“强素质·作表率”读书活动推荐书目等多种荣誉。2017年，上海人民出版社推出《科学外史》珍藏版，同年浙江教育出版社推出《科学外史》学生版。2019年，上海人民出版社一举推出了《科学外史》I、II、III三卷本。

由于专栏的长期持续更新，每年会积累文章12篇，3年得36篇，正好构成一卷，所以此次中信出版社推出《科学外史》最新两卷，正合规律。

这些文章旨在从科学史上种种趣事入手，揭示科学的前世今生，将科学从人们的误解和迷信中解放出来，从被盲目崇拜的神坛上礼请下来，还其应有的本来面目。行文注重科学技术与社会文化等外部因素的关联及互动，并注意科学与技术相互之间的关系。我尽量用学术眼光分析逸闻趣事，但我喜欢标新立异的论点及表达——初看似乎离经叛道，细察则仍言之成理。这种写作风格，17 年来得到了不少读者的喜欢和鼓励。

17 年来，“科学外史”专栏已经写到 201 期，要长期保持选题既不枯竭，又不枯燥，是一个巨大的挑战。我的办法相当朴素，就是多读书，多思考。这里要衷心感谢我身边的同事、学生、记者、编辑等众多朋友，他们经常用垂询、采访、讨论、八卦等各种方式，源源不断地为我提供灵感。

江晓原

2023 年 3 月 30 日

于上海交通大学科学史与科学文化研究院

科学明星的星路历程：霍金篇

*

科学明星，至少在中国当代社会文化中，还是一种远远无法和西方比肩的事物。我们有著名科学家，但他们谁也没有达到影视明星的知名度；我们当然也不缺影视明星，但他们通常缺乏科学背景。现在国内一些有科学背景的人士，正在为成为科学明星而努力。不过至少迄今为止，他们离上述目标还任重道远。在这种情况下初步考察西方科学明星的星路历程，倒也不无启发。

衰败肉身上的超强大脑

在西方社会中，有史以来最大牌的科学明星，如果不考虑爱因斯坦的话（他很可能不符合科学明星的定义），毫无疑问是霍金，因此从霍金入手考察西方的科学明星，应该是最自然的。

霍金念中学时成绩平平，第三学期才考到第十八名，那时考试成绩低于 20 名就要被降级，他总算“幸免于难”。据霍金说，这种降级对于学生的“自信心是毁灭性的打击，有些人永远不可能恢复”。而到了牛津大学，霍金也远远不算“学霸”，当时那里的风气是以不用功学习为荣，“我们倾向于绝对厌倦和觉得没有任何东西值得努力追求”，他说那时平均每天只用功一小时——我们对这种英雄欺人之谈不能太当真。霍金还说：“生物学似乎太描述性了，并且不够基本。它在学校中的地位相当低。最聪明的孩子学数学和物理，不太聪明的学生物学。”这样的“物理学沙文主义”言论，足以将生物学家气得吐血。

在霍金初出茅庐的 20 世纪 60 年代，宇宙学非常热，新兴的射电天文学带来的新方法和新工具“把宇宙变成了一个实验室”。黑洞是最为时髦的话题之一，《时代》（*Time*）周刊上说：关于黑洞的话语充斥着“通灵学、神秘学、不明飞行物、会思考的植物……以及其他以科学为噱头的时尚狂热”。在这种风气下，霍金也未能免俗地一头扎进了黑洞研究。

1973 年，在《科学新闻》（*Science News*）杂志的一篇报道中，霍金被称为“该领域最重要的专家之一”，这被认为是霍金第一次在媒体露面。这种措辞在西方媒体中也经常被用在无足轻重的人物身上，有时候可以理解为一种礼貌的套话。而在 1975 年英国广播公司的纪录片《宇宙的钥匙》（*The Key to the Universe*）中，霍金是几位受采访的人士之一。1977 年，霍金在《科学美国人》（*Scientific American*）杂志上写了科普文章谈论“霍金辐射”。

在通常情况下，上面这样的媒体亮相，离封神还道阻且长，但霍金不幸患上的奇特疾病，让媒体看到了别开蹊径的封神之路。他们开始有意识地为公众塑造“一颗寄居在一个衰败肉身上的超强大脑”这样一种霍金特有的意象，结果非常成功，霍金成为“新宇宙学的象征”，而这个象征别的科学家谁也无法攀比。

霍金的媒体意识和他的私生活

有一个“霍金身边的人”曾对媒体说过:“他（霍金）并不傻。”当他意识到媒体希望塑造一尊科学之神时，他采取了相当积极的配合态度。这主要表现在两个方面：媒体对他所患罕见疾病的利用和对他家庭生活的报道。

首先是霍金所患的病。虽然现代人越来越多地有了所谓的

“病耻感”，不愿意旁人知道自己的疾病，甚至将自身疾病视为隐私的一部分，但霍金既已跻身名人之列，只要他本人对于疾病能够坦然面对，那若被媒体在造神过程中利用一下，他也就不以为意了，这比较容易理解。何况他的病症在媒体上获得高知名度之后，对于他能够享受更好的治疗也不无帮助。医生很早就预言他命不久矣，谁知他屡创奇迹，最终活了 76 岁。

而媒体对霍金私生活的报道，起初还处在比较有节制的状态。比如霍金和 10 岁儿子之间的亲密互动、他结发 13 年的妻子简陪伴他出席科学会议之类。这些报道基本上属于媒体给予名人的“标准配置”。但随着《时间简史》（*A Brief History of Time*）给霍金带来的财富和名声，他和发妻简的感情却开始出现问题。随后霍金和护士梅森堕入情网，后来开始同居，最终结了婚。媒体当然不可能放过名人如此八卦的猛料，同样进行报道，而霍金似乎对此也不讳莫如深。据一位著名人士回忆，当简和梅森当着客人乃至媒体的面相互“较劲”，甚至爆发争吵时，霍金竟能安之若素（也许是无可奈何）。

在媒体和出版商的撺掇下，简于 1999 年出版了回忆录《驱动星辰的音乐：与史蒂芬的生活史》（*Music to Move the Stars: A Life with Stephen*），厚达 600 余页。书中当然要诉说自己为霍金做出的种种牺牲。但此书被一些人恶评为“一本典型的得了便宜还卖乖的书”。不过霍金在自己的回忆录《我的简史》

（*My Brief History*）中，对发妻还是表达了感激之情。霍金将他和发妻的离异，归咎于妻子担心他会死掉所以要事先另觅良人，而在霍金顽强地生存下来之后，发妻和她觅到的良人之间却发展到红杏出墙的地步。书中对于第二任妻子，霍金着墨非常少。

对霍金科学成就的争议

早期媒体对霍金的报道和宣传，可能对于霍金的科学事业也有过帮助。1979 年，他获得了剑桥大学卢卡斯数学教授的职务，因为这是牛顿当年担任过的教席，让人颇生遐想。

但是随着霍金在媒体和公众中的名声越来越大，对他的评价开始出现明显的分歧。例如，英国物理学会会刊《物理世界》（*Physics World*）1999 年发起一项抽样调查，要求受调查者列出全球顶尖的五位物理学家，在 130 位被调查者中，竟只有 1 人提到了霍金。而与此同时，一份根据以霍金为特写对象的文章数量来反映媒体对霍金兴趣的统计表明，媒体对霍金的兴趣在 2012 年达到峰值。而霍金生前对媒体明确表达过兴趣的诺贝尔物理学奖，始终没有颁给他。

《时间简史》在全球创造了销售奇迹（中文版也不例外），到底是《时间简史》成就了霍金，还是霍金成就了《时间简史》，已经成为一个类似“鸡生蛋还是蛋生鸡”的问题。一些学者认为《时间简史》作为一部科普书实际上是失败的，因为绝大部分读者其实无法明白霍金到底在讲什么。有人明确表示:《时间简史》如果是另一位物理学家写的，肯定就是一个商业失败案例。这种观点显然认为是霍金成就了《时间简史》。

霍金名声太大，连他的宇宙学同行也不无微词，一位匿名的宇宙学家对媒体表示:“批评霍金有点像批评戴安娜王妃——你不能在公共场合那么做。”而另一位物理学家在回忆录中说，物理学会议中的深夜闲谈，总是会不可避免地进入关于霍金的科学成就能否和他的大众名声相符合的争论中。

在媒体和大众中的崇高声誉，是不是引发了霍金某种不切实际的自许呢？ 2002 年，霍金主编了《站在巨人的肩上——物理学和天文学的伟大著作集》(*On the Shoulders of Giants*)，其中收集了哥白尼、伽利略、开普勒、牛顿和爱因斯坦五位科学伟人的代表性著作。一些人认为，霍金这是想表达：他自己是上述科学伟人的继承者。著名天文学史教授欧文·金格里奇(Owen Jay Gingerich)在《自然》(*Nature*)杂志上发表文章，说这部书错误百出，并发出愤怒的质问。说“错误百出”当然是夸张的修辞，不过书中霍金自己撰写的部分确实有错误，笔者就曾发现一个(参见《科学外史 I》，上海人民出版社，2019)。

科学明星的星路历程：萨根篇

*

和霍金在英国媒体上的“一枝独秀”相比，美国至少有三位科学明星，曾经有望与霍金争一日之雄长，但不幸最后都未能达到霍金的段位。其中，曾经最接近霍金段位的是天文学家卡尔·萨根（Carl Edward Sagan）。

魅力人格与早岁成名

人格魅力本来是科学明星必须具备的素质之一。如果说霍金奇特的疾病以及他和疾病成功的搏斗，至少构成了他人格魅力的一部分，那么萨根倒没有这样可资利用的疾病（尽管他的健康状况也不理想），而他真正意义上的人格魅力，应该说明显是超过霍金的。

且看萨根的女秘书索伦森（V. Sorenson）是怎样说的：萨根"性格熠熠生辉……浑身都是能量。他一走进屋子，或者一和你谈话，一听到他那雄浑的嗓音，你就觉得他简直——我不知道能不能用'魅力无穷'这个语词来形容，不过至少是精力旺盛、非同等闲的人物"。即使我们考虑到女秘书对男上司的某种习惯性的崇敬之情，将索伦森的话打一点折扣，萨根的人格魅力还是跃然纸上。

萨根的父亲出生于乌克兰，于 1910 年他 5 岁那年来到美国。"萨根"这个姓氏来自乌克兰。1934 年，卡尔·萨根出生于纽约，1960 年在芝加哥大学得到"天文学和天体物理学"博士学位。之后不久，他就成为"空间时代的一颗新星"——虽然不算很亮，但上升速度非常快。博士毕业后他到哈佛执教了一段时间，1968 年起在康奈尔大学执教，并长期担任该校的行星研究室主任，直至逝世。

萨根星路历程中"声名彩虹上投石问路的第一笔"，却是一本他和一个苏联天文学家合著的书。

在天体物理学历史上，苏联天体物理学家约瑟夫·什克洛夫斯基（Iosif Shklovskii）是大名鼎鼎的人物之一。1963 年，他出版了《宇宙、生命、意识》一书（俄文版），里面纳入了萨根关于星际航行的看法，这成为他和萨根发生联系的契机。萨根看了这书（别忘记他是苏联移民的后代），大感兴趣，就撺掇办出版社的朋友出版此书的英译本，他自告奋勇来翻译。什克洛夫斯基当然同意这样的安排，他还对萨根表示："如果觉得合适，（英译本）可以添加内容。"萨根于是兴致盎然地将翻译变成创作，他添加的内容竟超过了俄文原著的篇幅！结果此书英译本出版时，改名为《宇宙中的智慧生命》（*Intelligent Life in the Universe*），作者也变成什克洛夫斯基和萨根联合署名。这本书相当畅销，也成为 32 岁的萨根"第一项受到广泛称道的文学成就"。

星光灿烂：《宇宙》和《接触》

不过从现代媒体的角度来看，一本书的作用，对于成就明星来说毕竟是微不足道的，萨根真正的封神之路，当然只能从电视上开始——不过在这条路上他还得跋涉十几年。

1969 年，萨根有机会在英国广播公司（BBC）的一次科学节目中担任讲解。此后几年萨根频繁出现在一档名为《今晚节目》的电视节目中，有时他也收到在电视上主持其他节目的邀请。他甚至开始和科波拉一起搞一部发现外星生命的电视影片，不过后来无果而终。在 20 世纪 70 年代中期，萨根的办公记录中充斥着电视台主管人物打来电话的摘记。

多年在媒体上的辛勤耕耘，毕竟是会有收获的。1976 年，萨根成立了“卡尔·萨根制作公司”，公司刚一开张，就有电视台找上门来，要和萨根搞一个系列的天文科普电视片，定下的集数是 13 集。13 在西方应该不是一个吉利的数字，不过萨根作为一个天文学家，想必会记得天文学家的老祖宗托勒密的天文学圣经《至大论》（*Almagest*）正好也是 13 卷吧。这部酝酿、筹备、制作了 4 年之久的 13 集电视片《宇宙》（*Cosmos*），在电视台播出之后，立刻引起轰动。

全球几亿观众观看了《宇宙》，接着同名的书也跟着畅销。《宇宙》不仅唤起了无数青少年对科学的兴趣，更使萨根从此真正跻身于名流之列，现在人人都能够在电视上认出他来。萨根的传记作者说：“《宇宙》使萨根的名声达到了顶点，甚至使他得到了北美文化象征的地位。”记者们也一窝蜂开始了对他的肉麻吹捧，说萨根“面部表情既高贵又性感，还带有一股招人喜爱的孩子气……”。

看到电视片带来的巨大成功，萨根乘势而上，马不停蹄地为一部以探索外星智慧生命为主题的科幻小说《接触》（*Contact*）准备了一份写作提纲，并于 1980 年 12 月 5 日别出心裁地将这份提纲分送 9 家出版社，进行招标！结果西蒙－舒斯特出版社以预付 200 万美元稿费的出价中标。为一部尚未动笔撰写的小说，预付如此巨额稿费，在当时确实是前所未有。

消息传出之后，萨根的天文学家同行——他们早就为萨根在大众媒体上的当红表现而感到难以言表的嫉妒了——立刻产生了“强烈的情绪”。

1980 年确实是萨根作为科学明星的高光年份，他的声望可以说达到了顶峰。

有意封神，无力回天

小说《接触》在签约时就预定在 1984 年拍成电影。萨根此时已经成媒体红人，但在他心目中，最上品的文艺形式却是电影，据说这与他父亲当过电影院检票员有关（说不定萨根小时候沾光蹭着看了不少电影），所以他对《接触》改编拍摄电影十分投入。然而和小说的惊人身价不同，《接触》的剧本到了好莱坞却成了流浪儿，从一个制片人转到另一个制片人，没人愿意投拍，转眼就过去了十几年。直到 1997 年夏天，电影《接触》（中文片名常作《超时空接触》）才终于上映——可惜萨根已在上年去世，最终未能看到自己的电影。

作为科学明星，萨根在天文学上的成就其实相当有限。他的许多想法，比如改造金星大气、估算地外文明数量之类，虽然当时都曾被媒体报道，但大都成为过眼云烟。不过他在科学上至少也留下了一些历史痕迹。

萨根参与了“水手 9 号”、“先驱者”系列、“旅行者”系列等著名的宇宙飞船探索计划，他和弗兰克·德雷克（Frank Drake）设计了那张著名的“地球名片”——在镀金的铝质金属牌上以图形表示地球在银河系中的方位、太阳和它的九大行星（那时国际天文学联合会还没有取消冥王星的大行星资格）、氢元素的分子结构、地球上男人和女人的裸体形象。1972 年 3 月 2 日美国发射的先驱者 10 号和 1973 年 4 月 6 日发射的先驱者 11 号探测器，都携带了这张“名片”。这张“名片”还进入过中国的一些中小学教材。

萨根年轻时，智商明显高于情商，他聪明外露，飞扬跳脱，让周围的人都感觉他是个与众不同的人物。他自己也目高于顶，自命不凡，得罪了不少人，至少是让人不快。不过因为他确实有才，天文学又是一个相当“干净”的学科（这个学科自己挣不来钱，只能让政府或富豪给钱，就不太容易卷入重大经济利益带来的罪恶之中），所以萨根一生还算幸运。

中年以后，萨根阅历渐多，对自己昔日的年少轻狂也有不少反思。可惜他天年不永，只活了 62 岁，竟比霍金还短寿 14 年，未来得及像霍金那样臻于封神境界。倘若萨根能多活 20 年，以他在科学明星之路上的勤奋，说不定会有与霍金相颉颃之一日。

科学明星的星路历程：道金斯篇

*

大致而言，理查德·道金斯（Richard Dawkins）在中国公众中的知名度与霍金当然未能同日而语。在中国的科学界和科普圈子里，道金斯可能和卡尔·萨根有着类似的知名度。不过道金斯的星路历程与霍金和萨根都大不相同。

《自私的基因》一举成名

道金斯出生于非洲肯尼亚，8 岁随父母迁回英国，在牛津大学拿了动物学学士、文学硕士、哲学博士、科学博士等一堆学位。

1977 年，道金斯出版了《自私的基因》（*The Selfish Gene*）

一书，一举成名，时年 36 岁。道金斯认为自然选择并不是为了保证物种或个体生存下来，而是为了保证基因生存下来，他的观点可以归属于“新达尔文主义”。

但是出版商和媒体之所以看好《自私的基因》，另有重要背景：之前，威尔逊（E. O. Wilson）出版了引发巨大争议的《社会生物学》（*Sociobiology*），鼓吹道德、侵略性、宗教信仰、性别角色等都与进化有关。而从二战以后，在西方学术界，利用生物学来解释人类行为已近于禁忌，因为这和纳粹的“优生学”无法划清界限。所以威尔逊的观点遭到西方一些左派学者的围攻。在这种情况下，牛津大学出版社感到《自私的基因》即使不能给这场争论火上浇油，至少也能借这场争论的东风。

《自私的基因》出版后大受好评，英国广播公司的科学栏目《地平线》（*Horizon*）当月就为《自私的基因》做了一档节目，道金斯在节目中接受了采访。《自私的基因》被《纽约时报》（*The New York Times*）誉为第一本阐释新达尔文主义的通俗著作，还为后来的阐释树立了标杆。《华盛顿邮报》（*The Washington Post*）的评论说：这是“有关人类的最冷漠、最不人道且最让人迷失方向的观点之一……它的见解如此深刻”。

当然，批评也是不可避免的，左翼批评者甚至认为《自私的基因》是在为撒切尔夫人的政策提供生物学理由，“撒切尔在社会层面上的政治个人主义反映了基因层次上的自私”。

丹尼尔·希利斯（Daniel Hillis）对《自私的基因》有一句酷评："我对道金斯唯一的不满，就是他将自己的思想解释得太清楚了，读他的书常常会附带着产生一种幻觉，认为事情比它们实际上要简单得多。"这句酷评明显揭示了《自私的基因》的写作风格。

无神论者和《上帝的迷思》

《自私的基因》让道金斯获得了学术声望和社会名声，这种名声也在某种程度上转化成了学术地位。例如，他 1995 年获任牛津大学"公众理解科学教授"教职就可以被视为这种转化的表现。此时他距离一个科学明星已经不太遥远了。

随后道金斯出版了《延伸的表现型》（*The Extended Phenotype*），拓展了《自私的基因》中的观点。几年后他又出版了《盲眼钟表匠》（*The Blind Watchmaker*），开始挑战神创论。

这里需要提到另一个重要背景：进化论和神创论的斗争。神创论在 20 世纪七八十年代"上升为一种文化力量"，形成了某种"运动"，为了强调自己的"科学"色彩，神创论者会自称"创世论科学家"。有一个"神创论研究所"（Institute for Creation Research）在此期间在美国搞了 300 多场公众讨论会，神创论得到许多人的支持。1982 年的盖洛普民意测验显示：当时美国人中有 44% 相信是上帝创造了人类。进入 90 年代之后，神创论逐渐演化为“智能设计论”，认为生命形式如此复杂，只能由一个超自然的造物主设计出来。

道金斯的《盲眼钟表匠》加入了对神创论的批判，两年后它的平装本登上了《星期日泰晤士报》（*The Sunday Times*）畅销书榜亚军位置，《悉尼先驱晨报》（*The Sydney Morning Herald*）说它是“有关进化论与神创论辩论的当代状况的开创性著作”，《地平线》又为这本书做了节目，仍请道金斯自己来讲。

此时，道金斯和另一个维护进化论的学者史蒂芬·杰·古尔德（Stephen Jay Gould）都成了“神创论最明显的敌人”。道金斯和古尔德之间也有分歧（道金斯认为自然选择只在基因层面发挥作用，古尔德认为自然选择也在有机体、群体和物种层次发挥作用），两人各有一帮追随者，相互之间也进行辩论。有人讽刺辩论的两造都是“深谙世故的自信满满的自吹自擂者”。道金斯被称为“达尔文的灰狗”，《旁观者》（*The Spectator*）杂志说“道金斯看起来是科学雇用的打手”，《每日邮报》（*Daily Mail*）说他是“花言巧语且自信满满的表演者，不仅利用他的立场来削弱对上帝的信仰，而且还竭力主张许多人觉得可怕的科学冒险主义”。

2006 年，道金斯出版了《上帝的迷思》（*The God Delusion*），

这本书被认为是“对宗教和信徒的全面抨击”，在全球销售了至少 150 万册，成为“缺乏公众发言人的全球无神论者的一个标志性文本”。

随后，道金斯成立了“理查德 · 道金斯理性和科学基金会”，建立了理查德·道金斯网站。他渐渐习惯了享受崇拜者的吹捧，被尊为“无神论之神”，甚至连“道金斯万岁”也出来了。至此，道金斯跻身于某种领袖人物之列，但这种领袖身份已经和科学本身渐行渐远，道金斯也不再是写《自私的基因》的那个道金斯了。

文化基因 · 觅母 · 迷因

1981 年,《自私的基因》英文版出版 4 年后就有了中译本（科学出版社），它和《物理世界奇遇记》（*The New World of Mr Tompkins*）以及《从一到无穷大》（*One Two Three ... Infinity*）成为我念大学期间最喜欢的科普读物。

平心而论,《自私的基因》并没有提出什么新发现，只是对人们已经了解的事实给出了新的解释。但道金斯自己另有高见:“一个科学家能做的最大贡献，往往不是提出新的理论或者揭露一个新的事实，而是发现一个看待旧理论或者事实的新方式。”这个说法用到《自私的基因》一书上，当然能够产生非常有利于道金斯的推论。我甚至还可以提出一个更加有利于道金斯的例证——哥白尼的《天体运行论》(*De Revolutionibus Orbium Coelestium*)，就完全符合“看待旧理论或者事实的新方式”这一性质。

当然，至少在目前，《自私的基因》还无法与《天体运行论》相提并论，今后获得这样地位的希望也十分渺茫。倒是《自私的基因》中提出的一个新概念（无法称为新事实）有相当的生命力，至今仍会被学者们讨论。道金斯为这个新概念造了一个新词：meme。

在《自私的基因》1981年中译本中，meme被译为“觅母”（找妈妈），意为“文化基因”。这是一个音译和意译兼顾的译法，得到不少学者的赞同（包括笔者在内）。这个概念是道金斯从生物学中“基因”的概念类比而来的，他相信在人类文化的传承中，也有着和生物学中基因类似的东西，并且有着类似的功能。而在近年的中文文献中，meme似乎越来越多被译成“迷因”，这听起来是以音译为主，从意译的角度看，读者其实很难从“迷因”立刻联想到“基因”。

科学明星的星路历程：古尔德篇

*

史蒂芬·古尔德生前与和他同岁的道金斯相比，倒也可相颉颃，《纽约时报》在谈到古尔德时说他“在很多外行读者心中代表着科学本身”，这样的说法堪称对科学明星的一种通俗定义。不过古尔德刚刚活过 60 岁就死于癌症，这一点就比道金斯吃亏太多了。

一个专栏对明星的作用

古尔德 1941 年生于纽约，祖上是从欧洲移民过来的犹太人，他父亲是法庭速记员，据说还是一个马克思主义者。古尔德大学本科（1959—1963 年）在俄亥俄州安提亚克学院读了地质学和哲学的双学位，当时他热衷于社会运动，示威、静坐、反核、反种族隔离。1967 年，他在哥伦比亚大学拿了地质学博士学位，研究重点是古生物学，特别是蜗牛的进化。在念研究生期间，他读了托马斯·库恩（Thomas Samuel Kuhn）的《科学革命的结构》(*The Structure of Scientific Revolution*)，自述受此书影响很大。

古尔德很早就“为古生物学的声名狼藉而沮丧”，一位诺贝尔物理学奖获得者貌似仁慈地说：“古生物学家‘真的不是非常好的科学家，他们更像是邮票收集者’（仿佛听到卢瑟福的声音），连生物学家也鄙视古生物学家，说他们‘只会挖洞，不会思考’。”这种“鄙视链”言论，对因为 5 岁时父亲带他去看了霸王龙而爱上古生物学的古尔德来说，十分痛苦和屈辱。

转机出现于 1973 年，《博物学》(*Natural History*) 杂志的编辑找到古尔德，问他愿不愿意为杂志写一个专栏。古尔德非常乐意，他建议专栏以进化生物学为基础，取名“生命观点”（*This View of Life*，语出达尔文的《物种起源》）。在《博物学》1974 年 1 月号上，古尔德的第一篇专栏文章问世。

专栏就是阵地，既可以升起旗帜，表明立场，也可以从这里向敌人发起进攻。这个专栏每月一次，古尔德连续坚守了 28 年。专栏帮助古尔德培养起很强的大众文本写作能力，同时也培育了古尔德在公众中的形象——用今天的话说就是“人设”，有人将这个形象形容为“一个有些诡异且精力旺盛的博物学家……充满了那个时代的智慧”。古尔德显然很享受这样的公众形象，他的专栏话题广泛，包括“马克思葬礼上的达尔文主义者”，他甚至在专栏里谈论科学哲学，尽管这明显非他所长。

每月 1 篇，每年 12 篇，平均 3 年就可以编成一本篇幅适中的专栏文集，古尔德和他的出版商也正是这样操作的。第一本集子是《自达尔文以来》（*Ever Since Darwin*），《纽约时报》上出现了评论；接着是《熊猫的拇指》（*The Panda's Thumb*）。最后一本是《彼岸》（*I Have Landed*），中译本 2021 年年初刚刚出版。

不过，一小块专栏阵地，即使古尔德辛勤写作，坚守 28 年，也不足以构成一个科学明星升起的充分条件。要想从生物学这个居于“科学鄙视链”底部的领域上位科学明星，古尔德还需要采取和道金斯类似的策略——介入战争。

到底是神创论的敌人还是战友？

在高踞于“科学鄙视链”顶端的天文学和物理学领域，岁月静好，已经至少一个多世纪没有战争了，霍金和萨根也都无须介入别处的战争，就能成星封神。只有在鄙视链底部那些缺乏精密性质的学科中，战争才会连绵不断。

生物学和进化论，就是这样的战场。1980 年，里根在总统竞选中，为了团结共和党旗下的宗教保守派，都会声明自己“和进化论脱离关系”（想想看会有哪个竞选者声明要和万有引力“脱离关系”）。此举被认为给神创论增加了政治影响力，神创论者要求，在公立学校讲授进化论时，神创论也要得到讲授。神创论者相信《圣经》中说的那些上帝造人造世界的故事都是真实的。这就是战争，而且这场战争自达尔文以来就没完没了，古尔德哀叹“白宫里有一个神创论者”，毫不犹豫加入了战团。

阿肯色州的法律曾要求公立学校给予进化论和神创论同等对待，有人对此提起诉讼，古尔德在联邦法庭出庭做证。1982 年 1 月 5 日，法官奥佛顿（W. Overyon）判决：神创论是宗教，不是科学，因此不应在科学课堂上被讲授。古尔德为自己的战绩感到骄傲：“在 20 世纪美国历史上的重大时刻，在能够提供给相关专业专家的唯一法律渠道中，我很荣幸有机会证明，进化论是自然知识，而神创论是伪科学。”

不过，也有人对古尔德的学说并不满意。例如道金斯就认为，古尔德所赞成的“间断平衡论”（物种短期爆发中断长期稳定的进化）为神创论者“提供了充分的协助和安慰”。《纽约客》（*The New Yorker*）上的文章将古尔德称为“偶然的神创论者”。还有人认为间断平衡论在公众心目中已经和神创论关联在一起了。

不管和神创论是敌是友，古尔德介入战争的效果，是让他在科学明星的星路历程上大进了一步。此后他的专栏文集十分畅销，巡回演讲大受欢迎，据说他后来巡回演讲的收入可达每年 30 万美元，而且还有“7 位数的薪水”，科学明星至此上位成功。

古尔德真的能“代表科学本身”吗？

和几乎所有的科学明星一样，古尔德也面临着同行对他科学成就的质疑。例如，英国进化生物学家约翰·梅纳德·史密斯（John Maynard Smith）就认为，古尔德“在很大程度上给了非生物学家有关进化理论现状的错误图像”，他还表示：“与我探讨他作品的进化生物学家们，倾向于把他看作一个观点过于混乱而不值得为之费心思的人。”考虑到进化理论本身就有着广阔的争议空间，各种观点见仁见智，史密斯的这类批评当然也不可能盖棺论定。

古尔德 2003 年出版的 *The Hedgehog, the Fox, and the Magister's Pox* 一书（书名有的被直译成《刺猬、狐狸和文学硕士的天

花》，而商务印书馆2020年的中译本译为《刺猬、狐狸与博士的印痕》），得到的评价也不理想。有评论认为“这本书有一种未经编辑的闲聊气息”，倒不失为对本书东拉西扯文风的真实感受。而更大的问题是，古尔德在这本书里有着融通人文和科学的宏大抱负，然而如前所述，在令古尔德愤愤不平的科学鄙视链中，物理学和天文学这样的“精密科学”高踞顶端，古生物学之类的学科则处在底部，这虽然不是衡量古尔德著作的唯一标尺，但精密科学毕竟对“科学”有着更强的代表资格。古尔德在大谈“弥合”和“融通”时，完全避开了天文学和物理学，这不可避免地严重削弱了他论述的说服力。

我绝不是“古粉”，对进化论也评价不高，但为了写这篇文章，搜寻了寒斋中古尔德著作的中译本，惊奇地发现竟有7种之多。从他最早的专栏文集《自达尔文以来》和《熊猫的拇指》，继之以《生命的壮阔》（*Full House*）和《追问千禧年》（*Questioning the Millennium*），再到他去世后出版的《彼岸》和《刺猬、狐狸与博士的印痕》，甚至还有《人类的误测》（*The Mismeasure of Man*）。这至少说明，古尔德在中国出版界的影响相当大，似乎还在道金斯之上。

科学明星的星路历程：总结篇

*

写了霍金、萨根、道金斯、古尔德等人的星路历程后，“样本”数已达四人，虽然数字偏小，但还是呈现出一定的分析空间。正好身边的朋友反馈了一些读后想法，感觉可以尝试来写一篇小总结。

简单归纳：十项指标

要归纳就难免列表，这里我先做了一张表（见下页）：

序号	分类	霍金	萨根	道金斯	古尔德
1	年代	1942—2018	1934—1996	1941—	1941—2002
2	性别	男	男	男	男
3	家庭出身	平民	平民	平民	平民
4	教育程度	博士	博士	博士	博士
5	诺贝尔奖	——	——	——	——
6	学科	天文 / 物理	天文 / 物理	生物学	生物学
7	畅销作品	《时间简史》	纪录片《宇宙》	《自私的基因》	专栏“生命观点”
8	介入社会争议	——	——	进化论 vs. 神创论	进化论 vs. 神创论
9	主要媒体表现	电视、电台、互联网	电视、电台、互联网	电视、电台、互联网	电视、电台、互联网
10	科学成就	有争议	有争议	有争议	有争议

从表中看，虽然情况似乎一目了然，但有些项目还值得进一步分析和说明。

从年代看，四人完全是同时代人，出生年份最大相差不超过 8 年。三人已逝，一人尚存。他们活动在同一个时代，而且是在英国、美国这样文化大致相同的社会中，这为后面的分析提供了非常有利的条件，因为背景大致相同，我们要考虑的维度就可以大为简化。

表中的第二至五项，性别、家庭出身、教育程度、诺贝尔奖，四人完全一样：男性、平民、博士学位。比较引人注目的是第五项：诺贝尔奖。整行的空白表明，四人都未获诺贝尔奖。尽管霍金因为“神位”最高，“星光”最亮，生前曾向媒体明确表示，他对诺贝尔奖有兴趣（是不是可以理解为一种喊话，“颁发过来吧，我不会拒领”？），但如今三人已逝，道金斯获奖的可能性也基本为零，所以上表中第五项也不会改变了。

从第六项开始，四人出现了差异：霍金和萨根学的和研究的，都是“精密科学”物理和天文，而道金斯和古尔德学的和研究的都是充满争议和不确定性的生物学。四人倒是都没有发生改行。

第六项的差异直接导致了后面第七项、第八项的差异。不同专业领域产生不同的畅销作品，这很容易理解。比较不被中国读者注意的是第八项：霍金和萨根基本上没有卷入重大的社会争议，道金斯和古尔德则都积极投身于科学界和宗教界的严重争议中，甚至亲自出庭作证。这是因为精密科学不容易引发争议，通常也没有争议的空间，比如宗教几乎没有对万有引力发过难，但宗教对进化论的发难至今持续不断。

第九项的对比结果虽然在表中呈现相同，实际上四人有相当的差异。电视传播对四人“星光”的形成都起到了重大作用，但萨根因为逝世偏早，没有赶上互联网大行其道的年代，而其余三人则或多或少都赶上了。互联网，特别是移动互联网，对电视形成了严重冲击，此消彼长，赶上的三人当然都与时俱进了。

最后的第十项，四人又重归一致：他们的科学成就都面临争议。在他们星光灿烂之际，人们容易过高估计他们的科学成就，等到星光逐渐暗淡，对他们科学成就的争议就会更多地浮出水面。四人中即使是被塑造成“科学之神”的霍金，也未能例外。

爱因斯坦的难题

我还在写这章的第一篇时，爱因斯坦就构成了一个难题——他是不是科学明星？从上表中的十项指标来看，爱因斯坦比表中四人中的任何一个人都更像科学明星！爱因斯坦得到了诺贝尔奖，爱因斯坦的科学成就如今几乎没有引发任何争议，各种媒体报道爱因斯坦那是家常便饭，电视台当然也不例外。至于社会争议，爱因斯坦介入的段位，高得那四人根本无法望其项背——爱因斯坦介入的都是关乎人类命运的大话题，比如“世界政府”、全人类共同消除核武器，区区“进化论 vs. 神创论”这种争议，根本就进不了爱因斯坦的视野吧。

既然如此，为什么不将爱因斯坦纳入呢？最主要的理由有两个。

第一，爱因斯坦的时代离我们有点远了，他出生在上上个世纪（19世纪），1955年就去世了，那时电视都还没有普及（尽管他也已经上过电视节目），更没有互联网。在这些方面他和上表中的四人缺乏可比性。

第二，爱因斯坦的段位太高了，他和上表中的四人不在一个层次上。如果我第一篇就写了爱因斯坦，老实说，第二篇就会写不下去。再说，我写这组“科学明星的星路历程”的直接动因，是看到国内有一些科学工作者正在向科学明星努力，他们中当然还没有爱因斯坦那个量级的人物，所以我选择表中四人，本来也有“为中人以下说法”之意，爱因斯坦那样的大神，尽管我曾写过不止一次，但在这里就最好敬而远之了。

在当下中国能复制吗？

既然如此，那么这个问题就无法回避：霍金等人的星路历程，能不能在当下的中国复制或模仿？这确实是一个值得思考的问题。

首先，中国国内目前有没有对科学明星的需求？从社会的角度来看肯定有。“科普”是一个备受重视的领域，至少从表面上看是如此。如果中国也出现了霍金、萨根这样的人物，我相信媒体一定会乐见其成，会非常积极地利用这样的资源。

我们可以先归纳出几条带有搞笑色彩的条件：要成为科学明星，出身平民子弟是没有问题的，博士学位是必须的，获得诺贝尔奖是不必要的，甚至可能是有妨碍的——事实上，我们很难想象一个获得了诺贝尔奖的中国科学家会成为科学明星。

因为作为明星，不管是演艺明星还是科学明星，都有娱乐公众的义务。霍金、萨根、道金斯、古尔德四人成为科学明星，一个不那么明显的必要条件是：他们或多或少都接受并承担了娱乐公众的义务。但是，要让中国科学家从理论上接受并在行动上承担娱乐公众的义务，他们做好思想准备了吗？即使是那些正在为成为科学明星而努力的科学工作者，他们做好这样的思想准备了吗？我是相当怀疑的。他们中的大部分人，仍然在思想上习惯于以公众的“启蒙者”自居。

对照上表中的十项指标，其中有不少是在目前国内条件下难以复制的。从第七项到第十项指标来看，每一项都有问题。

畅销作品。目前，中国没有出现过任何能与《时间简史》一较高下的有关科学的作品，退而求其次，能和《自私的基因》畅销程度接近的作品也从未出现过。或者先不说畅销程度，能和古尔德持续了 28 年的“生命观点”比肩的持久的科学专栏写作，也尚未出现过。

介入社会争议。首先，我们这里不会出现类似“进化论vs. 神创论”的争议，想邯郸学步也没有条件。国内为成为科学明星而努力的人士，倒是不时被动卷入他们显然并不情愿卷入的争议中，这类争议通常会直接或间接损害他们的形象，对于成为明星只会起反作用。

主要媒体表现。初看似乎问题不大，如今网红快速涌现，有志于成为科学明星的人士也正在朝这方面积极努力。但互联网的冲击可能来得太快了——如今媒体和受众都已经高度分裂，你是愿意走红于中央电视台，还是愿意受宠于抖音？全频道通吃似乎已经不可能了。

最后是科学成就。据我所知，目前国内有志于成为科学明星的人士，在达成这项指标上似乎普遍还任重道远。

结论：当下在国内出现霍金、萨根、道金斯、古尔德这样的科学明星，非常困难。

“帝国科学”的原罪

*

生活糜烂的植物学家

1768年8月15日，英国植物学家约瑟夫·班克斯（Joseph Banks）告别他的未婚妻，登上了澳大利亚军舰“奋进号”。

班克斯后来因为植物学上的成就而得以名垂青史，竟能盘踞英国皇家学会主席之位40余年，其实从根上说，他就是一个纨绔子弟。他勉强通过了伊顿公学的古典课程，牛津大学的学位课程就修不完了，也就是高中勉强毕业，大学没能念完。不过他迷恋植物学，所以走门路上了“奋进号”军舰。当时这种情形并非仅见，这样上舰的人通常也得以跻身高级船员之列，不用像水手那样擦甲板。

此次“奋进号”的远航受英国海军部和皇家学会资助，目的是前往南太平洋的塔希提岛（Tahiti，法属海外自治领地，另一个常见的译名是“大溪地”）观测一次比较罕见的金星凌日。舰长詹姆斯·库克（James Cook）是西方殖民史上最著名的舰长之一，多次远航探险，开拓海外殖民地。他还被认为是澳大利亚和夏威夷群岛的“发现”者，如今以他的姓氏命名的群岛、海峡、山峰等不胜枚举。

当“奋进号”停靠塔希提岛时，班克斯一下就被当地美丽的土著女性迷晕了，他在她们的温柔乡里纵情狂欢，连库克舰长都看不下去了，“道德愤怒情绪偷偷溜进了他的日志当中，他发现自己根本不可能不去批评所见到的滥交行为”，而班克斯纵欲到了“连嫖妓都毫无激情”的地步——这是别人讽刺班克斯的说法，因为对于那时常年航行于茫茫大海上的男性来说，上岸嫖妓通常是一项能够唤起“激情”的活动。

而在“帝国科学”的宏大叙事中，科学家的私德是无关紧要的，人们关注的是科学家的科学发现。所以，尽管一面是班克斯在塔希提岛纵欲滥交，一面是他留在故乡的未婚妻正泪眼婆娑地“为远去的心上人绣织背心”，这样典型的“渣男”行径要是放在今天，非被互联网上的口水淹死不可，但是“班克斯很快从他们的分离之苦中走了出来，在外近三年，他活得倒十分滋润”。

踌躇满志的帝国科学家

上面这一幕，是 18 世纪西方列强“科学考察”中的插曲，西方人在这种考察中的所作所为是何光景，就不难想象了：性（sex）、科学（science）和帝国（state）这三者是紧密结合在一起的。遥想当年，帝国的科学家乘上帝国的军舰——达尔文在皇家海军“小猎犬号”上就是这样的场景之一——前往那些已经成为帝国的殖民地或还未成为殖民地的“未开化”的遥远地方，通常都是踌躇满志、充满优越感的。

英国学者帕特里夏·法拉（Patricia Fara）在《性、植物学与帝国：林奈与班克斯》（*Sex, Botany and Empire*：*The Story of Carl Linnaeus and Joseph Banks*）一书中不无讽刺地指出“帝国科学”的实质：“班克斯接管了当地的女性和植物，而库克则保护了大英帝国在太平洋上的殖民地。”他甚至对班克斯的植物学本身也调侃了一番：“即使是植物学方面的科学术语也充满了性指涉。……这个体系主要依靠花朵之中雌雄生殖器官的数量来进行分类。”据说“要保护年轻妇女不受植物学教育的浸染，他们严令禁止各种各样的植物采集探险活动”。这简直就是将植物学看成一种“涉黄”的淫秽色情活动了。

在意识形态强烈影响着我们学术话语的时代，上面的故事通常是这样被描述的：库克舰长的“奋进号”军舰对殖民地和尚未成为殖民地的那些地方的所谓“访问”，其实是殖民者耀武扬威的侵略，搭载着达尔文的“小猎犬号”军舰也是同样行径；班克斯和当地女性的纵欲狂欢，非常大程度上是殖民者对土著妇女令人发指的蹂躏，即使是他采集当地植物标本的“科学考察”，也可以视为殖民者“窃取当地经济情报”的罪恶行为。

后来上面那种意识形态话语被抛弃了，但似乎又走向了另一个极端，完全忘记或有意回避殖民者和帝国主义这个层面，只歌颂这些军舰上的科学家的伟大发现和成就，例如达尔文随着“小猎犬号”的航行，早已成为一曲祥和优美的科学颂歌。

其实，达尔文也未能免俗，他在远航中也乐意与土著女性打打交道，当然他没有像班克斯那样滥情纵欲。达尔文在为“小猎犬号”远航写的《小猎犬号航海记》（*The Voyage of the Beagle*）中写道：“回程途中我们遇到一群黑人姑娘在聚会，……我们笑着看了很久，还给了她们一些钱，这着实令她们欣喜一番，拿着钱尖声大笑起来，很远还能听到那愉悦的笑声。”

有趣的是，在班克斯于塔希提岛纵欲 60 多年后，达尔文随着“小猎犬号”也来到了塔希提岛，岛上的土著女性同样引起了达尔文的注意，在《小猎犬号航海记》中他写道：“我对这里妇女的外貌感到有些失望，然而她们却很爱美，把一朵白花或者红花戴在脑后的发髻上……”接着，他以居高临下的笔调描述了当地女性的几种发饰。

帝国科学家当年活动的合法性问题

用今天的眼光来看，这些在别的民族土地上采集植物和动物标本、测量地质水文数据等的“科学考察”行为，有没有合法性问题？有没有侵犯主权的问题？这些行为得到当地人的同意了吗？当地人知道这些行为的性质和意义吗？他们有知情权吗？……这些问题，在今天的国际交往中，确实都是存在的。

也许有人会为这些帝国科学家辩解说：“那时当地土著尚在未开化或半开化状态中，他们哪有‘国家主权’的意识啊，他们也没有制止帝国科学家的考察活动啊。”但是，这样的辩解是无法成立的。

当地土著当时究竟有没有试图制止帝国科学家的“科学考察”行为，现在早已不得而知，只要殖民者没有记录下来，我们通常就无法知道。况且殖民者有军舰，有枪炮，土著就是想制止也无能为力。正如帕特里夏·法拉所描述的：“在几个塔希提人被杀之后，一套行之有效的易货贸易体制建立了起来。”

即使土著因为无知而没有制止帝国科学家的“科学考察”行为，这事也很像一个成年人闯进别人的家，难道因为那家只有不懂事的小孩子，闯入者就可以随便打探那家的隐私，拿走那家的东西，甚至将那家的房屋土地据为己有吗？事实上，很多情况下殖民者就是这样干的。所以，所谓的“帝国科学”，其实是有着原罪的。

如果沿用上述比喻，现在的局面是，家家户户都不会只有不懂事的孩子了，所以任何外来者要想进行“科学探索”，他也得和这家主人达成共识，得到这家主人的允许才能够进行。即使这种共识的达成依赖于利益的交换，至少也不能单方面强加于人。

举例来说，对于如今中国在非洲、南美洲等处日益增强的影响力，某些西方人怀着“羡慕嫉妒恨”的阴暗心理，指责中国“推行殖民主义”，美国国务卿甚至已经将中国称为“帝国主义”。但他们忘记了或者假装忘记了一个重大的不同之处：当年西方殖民者在许多情况下都是以武力为后盾的“仗剑经商”，如今中国人到非洲去，是开着军舰去的吗？是靠枪杀当地人来建立“贸易体制”的吗？当然不是。中国人是在和那家主人达成共识的前提下在当地展开各种贸易活动的。

美国的儿童人体医学实验！

*

美国社会骇人听闻的黑暗一页

为什么要在标题上加叹号？因为这件事情太骇人听闻，超乎许多中国人的想象。

曾经，有些人把美国社会想象成一片人间乐土，相信那里充满正义，祥和安宁。其实，关于美国的许多真相，并不是非要亲自踏上那片土地才能接触到（如果作为旅游者，其实就是踏上了那片土地通常也接触不到），只需读一些美国人的著作就能了解。说实在的，下面这件事情就让人相当震惊。

在我们以前习惯的认知中，第二次世界大战期间，德日法西斯利用战俘所做的那些臭名昭著的“人体科学实验”，毫无疑问都是战争罪行。纽伦堡审判谴责并惩处了德国法西斯医学专家的这些罪行，日本法西斯“731部队”所做的类似行为，也遭到世人普遍的厌恶和声讨。纽伦堡审判当然是美国主导的，即便是美国当局出于某种不可告人的目的而对日本“731部队”的罪行网开一面，至少表面上也会有所谴责。总而言之，这种违背医学伦理的实验不可避免地和“罪行”联系在一起。

如果现在有人告诉你，美国竟然也实施了类似实验，而且是在它本土，你会信吗？信不信随你，这可是美国人自己揭露的！见《违童之愿：冷战时期美国儿童医学实验秘史》（*Against Their Will: The Secret History of Medical Experimentation on Children in Cold War American*，下文简称《违童之愿》），艾伦·霍恩布鲁姆（Allen M. Hornblum）、朱迪斯·林·纽曼（Judith Lynn Newman）、格雷戈里·多贝尔（Gregory J. Dober）合著，丁立松译，生活·读书·新知三联书店2015年第1版。

你联想到了德日法西斯的“人体科学实验”？那还远远不够！在德日法西斯的“人体科学实验”中，受害人毕竟还是所入侵国家的俘虏，可是美国的实验对象竟是它本国的公民！更为令人发指的是，美国的研究者还“纷纷扎到孤儿院、医院、收治‘低能儿’的公立机构去寻找实验对象”。

美国的这种行为，事实上早在冷战之前的20世纪40年代就已经开始了，和德日法西斯的“人体科学实验”相比，在时间上倒是不甘人后。

伦理能不能管科学?

《违童之愿》所揭露的医学罪行，还包括一系列西方医学界的学术不端行为——这些行为也或多或少、或直接或间接地与违反医学伦理有关。

例如，十几年前英国的安德鲁·韦克菲尔德（Andrew Wakefield）医生，基于他的研究成果宣称，MMR疫苗（麻疹、腮腺炎、风疹三联疫苗）与儿童孤独症有关，因此许多家长产生恐慌，停止给孩子接种该疫苗。但几年后韦克菲尔德医生被揭露是拿了某个集团的大量金钱，为的是用“医学成果”帮助该集团的诉讼，于是《柳叶刀》(*The Lancet*)杂志宣布撤销韦克菲尔德医生的论文（反正这种“撤销”对那些所谓的“顶级科学杂志”早已司空见惯了）。但是这场闹剧已经造成严重后果，在英格兰和威尔士，麻疹成为地方流行病。

违背伦理的医学实验，比如《违童之愿》所揭露的美国儿童人体实验，广义来说也可以视为学术不端行为的一部分，而学术造假则是比较容易被关注的另一部分。人们有充分的理由相信，那些被揭露出来的学术不端行为很可能只是冰山的一角，更多的不端行为被行业的自我保护机制尽力掩盖起来了。在这样的事例中，无辜的公众一再被置于不知所措的窘境中，因为信息是不对称的。这种处境和那些儿童人体实验中的儿童及其家长的处境，只是程度上的差别。

《违童之愿》中还谈到一个事例，即在饮用水中加氟的争议。这项争议已经持续了60年，在美国，很久以来已经是加氟的意见占了上风，但在欧洲和许多别的国家（包括中国），并未采取美国那样全面加氟的措施。三位作者的意见是："氟中毒和越来越多的证据显示，我们的儿童接触到的氟化物已经太多了。"值得注意的是，这本书的作者将此事称为"氟化物实验"，这是不是意味着，在这场争议中，几代美国人事实上已经沦为实验对象？因为这完全可以视为一项超大规模的人体医学实验。

崇高目标可以用卑鄙手段去达成吗？

事实上，还有一些实验可以归入同一类型。从德日法西斯的"人体科学实验"，到美国国内对儿童进行的明显违背伦理的类似实验，再到前几年美国的科学项目跑到中国来进行的"黄金大米"实验（也是利用儿童，真让人有异曲同工之感），确实有一条线隐隐串联在一起。对于这些"科学实验"背后的原因，当然人们会承认有人是为了追逐名利，但还有不少善良的人或许会认为，这些研究者中，至少有些人是“为至高无上的目标所驱动”的。然而，这样的想法很成问题。

且不说“追逐名利”这样的措辞过于轻描淡写，更大的问题是所谓的“至高无上的目标”。首先，对一个医生来说，“拯救人类”“创造历史”之类的目标算不算“至高无上”？也许很多人会说，这当然可以算。如果我们同意这一点，那么当年实施“人体科学实验”的德日法西斯医生中，如果有人也抱持这样的目标，或者有人真的相信自己的所作所为是在向着这样的目标努力，他们就可以脱罪吗？如果他们不能因此而脱罪，那么美国医生的行为就同样无法脱罪。

如果考虑得更深一层，就会产生这样的问题：如果这类侵犯人权的“人体科学实验”成果，真的可以帮助救治更多病人，那这类实验有没有正当性？

根据笔者目前所认同的伦理道德，我认为仍然没有正当性。无论目标何等崇高伟大，都不能提供不择手段实现该目标的正当理由。历史已经无数次证明，凡是主张为了实现伟大目标可以不择手段的人，结果都是先造成了罪恶，却并未实现那些目标。

或者换句话说，如果有一个目标，只有通过不正当的手段才能实现，这样的目标还可能是正当的吗？

不幸的是，有些科学家却将伦理道德的戒律，以及伦理学家的忧虑和告诫，都视为“科学发展”的绊脚石。例如，在2015年9月27日《文汇报》报道的一次关于基因组编辑与生物技术伦理安全的讨论中，一位教授激动地表示：“中国的伦理学界不应该也不会成为反对科学和阻碍科学发展的卫道士。”那么他对伦理学界所抱的期望是什么呢？他要求伦理学界“为科学研究保驾护航”“为科学的发展鸣锣开道”！想想看，科学到了今天，它还需要什么“鸣锣开道”和“保驾护航”吗？它正以雷霆万钧之势，像脱缰野马一样狂奔！伦理学界在今天的天职，恰恰就是应该帮助社会勒住这匹野马的缰绳——如果还有缰绳能够勒得住。伦理学界在今天应该理直气壮地扮演“刹车装置”或“减速装置”的角色。

还有一些科学家，经常以某件事情（比如基因组编辑）“外国人已经做了”或“已经准备做了”作为理由，急着要求政府同意他们也跟着做。“外国人已经做了，我们为什么还不做”成为一种常见的质问。我国政府和有关管理部门，在有些问题上所采取的慎重态度，被他们指责为“不作为”。其实，正如许智宏院士所指出的：“过去我们一直信奉‘科学无禁区’，但事实上在每一个领域，科学家还是有不可跨越的红线。”那些跨越红线的事情，外国人做了，难道就成为我们也必须跟着做的理由吗？

巴西SCI期刊互引联盟悲剧始末（上）

*

从2016年起，围绕影响因子及相关问题我已经写过3组文章：第一组揭示西方科学神刊如何利用规则操弄自身的影响因子，第二组揭示综述文章对影响因子的特殊意义，第三组揭示“开放存取运动”的骗局性质。现在这是第四组，将结合“互引联盟”的案例，考察发展中国家科学期刊的困境。

影响因子催生异化：从合理自引到过度自引

影响因子排名游戏正式开始于1975年，很快成为期刊评价的权威标准，于是期刊通过各种手段增加被引次数，成了公开的秘密。

最容易想到的当然是“自引”（self-citation），即在一份期刊发表的论文中，大量引用该刊已发表的其他论文，以此来提高该刊的影响因子。“自引”在某些情况下本来是合理的，比如作者在同一期刊发表有关研究的系列成果，需要引用自己前面的论文，但是在影响因子游戏的作用下，很快异化成为操弄影响因子的手段。2007 年，瑞士杂志《发音障碍疗法学报》（*Folia Phoniatrica et Logopaedica*）的主编利用一篇综述文章自引了该刊 2005—2006 年的几乎所有论文，使该刊影响因子从 2006 年的 0.655 提高到 2007 年的 1.439 就是一个极端的例子。

更普遍的做法是期刊直接或间接向论文作者施加压力，迫使他们增加“自引”来提升期刊的引用次数。2012 年，《科学》（*Science*）杂志发表署名文章，对 832 份期刊的作者就“学术发表中的强制引用”问题做调查，包括经济学、社会学、心理学以及综合商科类，反馈问卷 6672 份，结果表明，期刊编辑在稿件退修意见中，迫使作者在不必要情形下添加注释自引本期刊文章的情形“比想象中普遍得多”。

于是影响因子排名（JCR 报告）的发布者——美国的私人商业公司“科学情报研究所”（ISI）从 2008 年起将“过度自引”列为违规。至于何为“过度”，肯定有模糊的边缘地带，“科学情报研究所”的甄别是不是合理或有效，也还是一个问题。

你有政策我有对策：互引联盟登场

既然“过度”引用自己期刊上的文章已被列为违规，那联合几家期刊组成“互助合作社”，相互引用，不就不违规了吗？这样的思路其实早在2008年之前就已经出现了。1999年，格罗格·弗兰克（Georg Franck）在《科学》上发表的文章中，已经将这种做法称为“引用卡特尔”（citation cartels）——西方人在这个招数上的“知识产权”也是不容置疑的。

我们先看西方杂志“互引联盟”的案例：三家期刊《医学科学追踪》（*Medical Science Monitor*）、《细胞移植》（*Cell Transplantation*）、《科学世界杂志》（*The Scientific World Journal*）在2010年开始组成“互引联盟”。

2010年，《医学科学追踪》发表一篇综述文章，引用文献490条，其中445条来自《细胞移植》，另44条自引。该文的四位署名作者，一位是《细胞移植》创刊编辑，两位是副主编，还有一位是一家医药通信公司的首席执行官（CEO）。同年稍晚，该四位作者中的两位又在《科学世界杂志》发表综述文章，引用参考文献124篇，96篇来自《细胞移植》，26篇来自《医学科学追踪》。2010年度，这三家杂志中受益最大的是《细胞移植》，两篇综述文章为它贡献了541次有效引用，这使它的影响因子从本来的4.0升到了6.2。

这里要注意几点。

首先，上述三家期刊 2010 年的“互助合作社”，在到当时为止“科学情报研究所”公布的关于影响因子的计算规则中，并无任何违规。

其次，我曾在其他文章中指出过“综述为王”的“潜规则”，而在“互引联盟”中用于互引的都是综述文章，正是因为综述文章可以借助文本特性将被引期刊上所有相关文献都引用一遍，所以“互引联盟”普遍采用这种做法。

再次，“互引联盟”往往由期刊主编牵头发起，他们通常会参与多篇文章的署名。

最后，但绝不是最不重要的，在影响因子游戏中，高踞神坛的几十家“顶级期刊”，影响因子都是几十、上百甚至超过 200，提升两个点根本不算什么；但对在金字塔底层的“芸芸众生”来说，能将期刊影响因子从 4.0 升到 6.2，对期刊主编来说就是骄人业绩了——将本刊影响因子一举提升了 50% 以上！

巴西医学期刊“见贤思齐”？

这里必须提请读者注意，上面三家西方期刊搞“互引联盟”的案情，在2010年和随后的几年中，巴西期刊界是不可能知道的。不要说巴西期刊界不知道，就连影响因子排名的发布者“科学情报研究所”，在很长时间里也不知道。因为“互引联盟”比“过度自引”要隐蔽得多，上面的案情到2013年才暴露出来。

但在此之前，从时间上看是紧随上面三家西方期刊之后，有四家巴西医学期刊——《巴西医学联合会杂志》（*Revista da Associação Médica Brasileira*）、《临床医学杂志》（*Clinics*）、《巴西肺病学杂志》（*Jornal Brasileiro De Pneumologia*）、《巴西整形外科杂志》（*Acta Ortopédica Brasileira*）也建立了一个“互引联盟”，而且运作得颇有成效。

2011—2012年，它们在各自主编领衔下发表了7篇综述文章，通过相互引用四家期刊2009—2010年发表的论文，提高各自的影响因子。详细的互引“战绩”如下。

《巴西医学联合会杂志》，2011年计算影响因子的有效引用为185次，其中47%的被引来自另外三家刊物的4篇综述；《临床医学杂志》，2011年计算影响因子的有效引用为704次，其中28%的被引来自另外三家刊物的5篇综述；《巴西肺病学杂志》，2011年计算影响因子的有效引用为381次，其中40%的被引来自《巴西医学联合会杂志》和《临床医学杂志》的3篇综述；《巴西整形外科杂志》，2011年计算影响因子的有效引用为 88 次，其中 76% 的被引来自《巴西医学联合会杂志》和《临床医学杂志》的 2 篇综述。

但是非常不幸的是，巴西医学期刊“互引联盟”的建立和运作，恰恰是在“科学情报研究所”下狠手整治“互引联盟”的前夜，这四家巴西医学期刊被选中作为儆猴的鸡，一刀斩下！

2013 年 6 月，汤森路透（Thomson Reuters，那时还是“科学情报研究所”的主人）依照惯例发布了 2012 年度期刊影响因子排名的 JCR 报告，其中首次将“互引联盟”列为惩处对象。66 家通过操作手段推高影响因子的期刊出现在该年度惩处名单上——它们被清除出 SCI 期刊，这意味着它们失去了参与影响因子游戏的入场券！其中既包括上述三家西方期刊，也包括四家搞“互引联盟”的巴西医学期刊，而且因《自然》杂志对巴西“互引联盟”事件做了跟踪报道，更引起学界的高度关注。

巴西 SCI 期刊互引联盟悲剧始末（中）

*

悲剧中的巴西医学期刊

2013 年，美国的私人商业公司“科学情报研究所”，在年度 JCR 报告中宣布惩处通过“互引联盟”提升影响因子的一批期刊，将它们清除出 SCI 期刊名单，剥夺了它们参与影响因子游戏的入场券，其中包括搞“互引联盟”的四家巴西医学期刊：《巴西医学联合会杂志》《临床医学杂志》《巴西肺病学杂志》《巴西整形外科杂志》。

被清除出 SCI，对四家巴西医学期刊来说，当然不啻晴天霹雳，但更出人意表的是，这四家悲剧中的期刊还要承受巴西教育部随之而来的进一步严惩。

巴西教育部宣布对上述四家巴西医学期刊的惩处措施：所

有2010—2012年发表在该四家期刊上文章，取消参评2013年度巴西研究项目的资格，并取消该四家期刊此后在教育部的参评资格，直至它们能够重新被“科学情报研究所”收入SCI数据库为止。

这样的惩处几乎要将该四家期刊置于死地，因为这不仅株连上述三年间发表在该四家期刊上的其他所有无辜论文，使它们都作废，而且直接摧毁了该四家期刊的稿源——没有学者愿意向没有项目参评资格的期刊投稿，就好比中国学者通常都不会向不被行业和自己单位承认其上文章为学术成果的期刊投稿一样。

大难临头的四家巴西期刊表现了不同的态度。

《临床医学杂志》2013年10月将主编撤职，同时发布撤销两篇论文的通告，撤销理由是“不合格”和“非原创成果”。

《巴西整形外科杂志》则在“撤销”通告中加入了作者声明：重申论文无剽窃、无研究方法缺陷，完全符合科学研究规范，被撤销只是因对其他杂志的引用不规范。

《巴西肺病学杂志》则发文解释，它在2013年被SCI排除，是因另两份巴西杂志的两篇文章对其过度引用——分别为80次和52次——所致，由于自己没有发文过度引用其他杂志的行为，所以哀求巴西教育部不要取消它2010—2012年发表文章的研究项目评估资格。这样卑怯的辩解令人齿冷——它是此次事件中唯一未“付出”却“获益”的杂志，如今却企图抛弃盟友独善其身。

四家杂志中只有《巴西医学联合会杂志》表现得比较有“骨气”——不做回应、不更换主编团队、不撤销发表论文，默默承受，特立独行。

也许有人会说，这四家巴西期刊自己作奸犯科，招致惩处，正是罪有应得，用得着你掉什么鳄鱼眼泪？但是这四家巴西期刊还真有可同情之处。

巴西期刊为何铤而走险？

事发之后，《自然》杂志采访了这四家巴西期刊的主编，主编们不约而同将矛头指向了巴西教育部。他们抱怨教育部近年实施的以影响因子为主导的学术量化考核标准，正在将巴西学术期刊逼上绝路，声称他们建立“互引联盟”铤而走险，实出无奈。

巴西教育部急于“与国际接轨”的弊政已经持续了一段时间。2009 年，巴西“高等教育发展联合委员会”颁布学术考评新制度，实施“科技文献评级系统”。官方的解释称：因近年巴西研究项目水准明显提升，50% 以上成果已发表在高水平期刊，为展开更为有效的评估，有必要提高评价标准。新的评级系统和以往学术评估制度的最大区别，就是它以美国的私人商业公司“科学情报研究所”发布的 JCR 报告中每年的影响因子排名为主要标准，影响因子被置于至高无上的地位，这一系统将巴西医学期刊分为 2 级 7 档（A1 ～ A2，B1 ～ B5），三年一次，评定受资助研究项目成果的等级。

考察一下“科技文献评级系统”医学类期刊的评级标准，拥有影响因子——也就是被美国“科学情报研究所”收入 SCI 数据库——的期刊，才能够进入上述 7 档中的前 4 档。也就是说，巴西国内及拉美数据库收录的所有非 SCI 论文，全部沦入最低 3 档中！

这样的评级体系对巴西本土医学期刊的伤害是致命的，这显然意味着，在新的期刊评价导向作用下，巴西学者为了在评估中列入高档，必然会将论文投向欧美高影响因子的医学期刊，这使得原本就处于天然劣势的巴西本土医学期刊集体落入了恶性循环：在评级体系中“天然”处于低档，就得不到优秀的论文稿源；没有优秀稿源，杂志自然更难提升档次。

巴西教育部则表示，他们已经考虑到这一点了。然而相应的补救措施竟是设置各档之间的换算关系：2 篇 B1 论文 =1.2 篇 A1 论文，1 篇 B1 论文 +1 篇 A2 论文 =1.4 篇 A1 论文，3 篇 B2 论文 =1.2 篇 A1 论文……这样的换算不是在公开强调巴西本土期刊

"低档刊物"的身份吗？这不是对本土期刊的制度性羞辱吗？

巴西60家期刊的集体抗议

2009年新政甫一颁行，当即引发期刊主编的集体抗议，他们认为教育部把影响因子奉为评级标准的做法武断粗暴，简直就是不让巴西国内医学期刊存活了。例如，巴西坎皮纳斯州立大学医学教授克诺拉丁·梅茨（Knoradin Metze）指出：在这种评级系统之下，迫于官僚压力，学者只好将他们的稿件投向国外高影响因子期刊。

这里顺便指出，梅茨还非常专业地谈到影响因子使用时存在的弊端，指出西方一些科学期刊利用分子分母规则漏洞上下其手："一种操弄期刊影响因子的手段是减少影响因子公式的分母项（可引用项），简单易行的做法是减少原始论文的数量，把它们改装成'来信'；另一种方法是增加社论和来信的数量，这两种文本尽管会获得引用，但不是可引用项。之所以会出现上述疏漏，是因为汤森路透对可引用项始终没有明确定义，哪些类型的文本算到分母里，是可以通过讨价还价来商量确定的。"这段话完全印证了笔者曾揭示的现象，而反观中国学界和媒体，对影响因子计算公式的误解长达40余年，对公式中的分子分母规则居然一直普遍理解错误，直到2016年才由笔者和拍档穆蕴秋博士首次予以纠正。

巴西期刊界反对“科技文献评级系统”的声势在2010年达到顶点，60家医学期刊主编联名请愿，并在各自期刊上同步发表了题为“教育部发布的期刊分级标准迫切需要改变”的文章。文章提出八条倡议，强调对期刊的学术评价体系应重新考虑，不能将影响因子作为唯一评判标准。特别是其中的第八条，该条主张学者应在一定比例的巴西期刊上发表论文。这项建议如果真能有效推行，将可以在很大程度上缓解巴西优秀学术成果严重外流的现状。

60家医学期刊联名请愿倡议，应该也算声势浩大了，巴西教育部如何回应？非常奇怪的是，笔者查阅文献发现，巴西学界对此事的讨论至此却戛然而止了——非常大的可能是，巴西教育部将此事“捂”下去了。

60家期刊联名请愿也无济于事，巴西教育部铁了心要强制推行“科技文献评级系统”。这个系统有“逼良为娼”的客观效果，而且立竿见影，影响因子的重轭从此套上了所有巴西期刊的脖颈。我们故事中的四家巴西医学期刊，眼见集体抗议请愿全归无效，不得不铤而走险，试图通过建立“互引联盟”相互推高影响因子，也是迫不得已的自救之举，却不料东窗事发，遭SCI清除，再被自己国家的教育部追杀。

巴西SCI期刊互引联盟悲剧始末（下）

*

巴西“互引联盟”的核心人物席尔瓦

在巴西期刊“互引联盟”事件中，有一个让人印象深刻的特殊人物——《临床医学杂志》主编席尔瓦（M. R. Silva）。

四家期刊涉事的7篇综述文章中，5篇都有席尔瓦署名。此人出身医学世家，其父老席尔瓦于1948年发明著名降压药缓激肽，为巴西一代医学权威。席尔瓦克绍箕裘，投身生理医学界，2004年从圣保罗大学退休，受邀出任《临床医学杂志》主编。“互引联盟”事件发生之后，席尔瓦引起人们的注意：这样一位功成名就的教授为何不知爱惜羽毛，深度卷入这样的事件？他的动机何在？

席尔瓦一出任主编，即以提升期刊影响因子为首要任务。

常规套路他都做了，比如增加英文论文比例，力求与英美学界接轨，他又将刊名从《圣保罗医学院临床医学杂志》改为《临床医学杂志》，淡化发展中国家的地域特征，以求获得更广泛的投稿。为了追求高被引文章，席尔瓦还弄了一个主打神经行为研究论题的增刊，邀约知名学者来写综述（其中一位此前曾发表过获得 5000 余次引用的综述），席尔瓦相信，这几篇综述的引用将会使期刊次年的影响因子超过 2.0。

席尔瓦对影响因子规则的“可操弄性”也相当了解。早年他曾担任一家期刊的编委，主编为让期刊尽快被 SCI 收录，对编委会成员下达任务，要求每人交稿一篇并保证未来两年内获得 3 ~ 4 次有效引用，结果创刊第一年影响因子就达到 0.7。席尔瓦后来回忆说：“通过这个经历我学到……一些合乎道德，另一些可能就不是那么回事。”此事或许让影响因子的神圣性在席尔瓦心目中开始消解——相对“合乎道德”而言，“不是那么回事”的当然就是不“合乎道德”的操弄手法。

席尔瓦的悲剧

席尔瓦回忆，他进入学界的第一天，父亲老席尔瓦给他的第一个忠告是：如果有能力把论文发表在国外杂志上，就不要用葡萄牙语在巴西期刊上发表文章！因为巴西期刊“即使你免费赠送，人家都不会让它在图书馆上架，这样的发表就和没发表一样”！这样的忠告道尽了第三世界国家绝大多数学者的辛酸。

不过席尔瓦后来的认识，却比其父境界更高。他认为，拥有一批自己国家的高档次期刊，对巴西科学的独立不可或缺。他已经对振兴巴西学术期刊有了强烈的使命感。

令人浩叹的是，巴西教育主管部门对西方话语盲目屈从，不仅在期刊评价标准上全力迎合西方，甚至不惜“逼良为娼”；而当出现负面事件时，又不反省自身制定政策的错误导向，反而强力配合一家美国私人商业公司的行动，对四家本国期刊痛下杀手，急于向西方世界表明自己“跟得上趟”，却对本国期刊多年来好不容易取得的一点成绩毫无爱护之心。

在巴西教育部强制推行“科技文献评级系统”后，席尔瓦连续发表文章表示反对，并给巴西教委主任写了公开信，明确指出“新的学术评价指标完全脱离巴西本土科学”，强烈敦促巴西教育部收回成命。

在 2012 年 1 月的一次媒体访谈中，席尔瓦曾表示：“面对新评价体系对巴西科学期刊的伤害，我的斗争方式是提升期刊影响因子。”可是谁也不会想到，他最终竟通过参与“互引联盟”来达成目的。如果说席尔瓦前面激烈反对教育部的“科技文献评级系统”是使命感驱使下的正常反应，那么后来他深度介入“互引联盟”，就有点急火攻心了。

席尔瓦振兴巴西科技期刊的满腔抱负，随着“互引联盟”被惩处而付诸东流，他本人黯然引退。而巴西教育部对此事冷酷的处理方式，也为这位学界知名人物提升本国期刊影响因子的努力蒙上了浓重的悲剧色彩。

强行“与国际接轨”的后果：优秀论文全面流失

巴西圣保罗大学曾在2014年5月23日举行首次中国—巴西科技期刊出版交流活动。巴西代表在向中国同人介绍他们的期刊建设成效时似乎有些沾沾自喜：巴西推行“科技文献评级系统”考核制度后，SCI期刊从2008年的28份猛增到2009年的65份、2010年的89份。这些数据似乎表明，巴西教育部推行的“科技文献评级系统”对本国学术期刊建设起了明显的促进作用。但用上面这些数据来为“科技文献评级系统”歌功颂德是完全站不住脚的。

因为全球SCI期刊数量整体上是逐年增长的，每年会清除一些不合格的期刊，同时增补更多的新期刊进入。汤森路透宣称，他们每年会收到约3500份期刊的申请，而入选率为10% ~ 12%。在2006—2016年，SCI期刊每年增加约200份，但是 2009 年和 2010 年的增量却剧增为 767 份和 688 份，巴西的 SCI 期刊恰在这两年大幅增加，显然是全球 SCI 期刊数量大幅增加水涨船高的结果。从 2011 年起，全球 SCI 期刊每年增量重新回落至 200 份左右，而巴西 SCI 期刊“大跃进”的情形也不再出现。

笔者进一步考察 2006—2017 年巴西期刊影响因子的最高纪录数据，2009 年《巴西生药学杂志》到过 3.4，2017 年《材料研究技术杂志》到过 3.3，其余年份始终徘徊在 1.8 ~ 2.6。由于全球期刊的影响因子数值整体也是持续增长的，所以 2009 年影响因子 3.4 的期刊还能在全球排到第 961 位，到 2017 年只能排 1731 位了。这样看来，巴西本土最顶尖的期刊，在全球排名的地位其实处于下滑趋势中。

但最令人扼腕的是，自“科技文献评级系统”实施以来，巴西医学期刊主编担忧的事情已经发生——巴西优秀学术论文几乎完全流失国外！

据科睿唯安（Clarivate Analytics，2016 年“科学情报研究所”从汤森路透被转卖之后的新主人）官网的定义，“热点论文”指近两年内发表，且在最近两个月内被引次数排在相应学科领域全球前 1‰的论文；“高被引论文”指发表以来被引次数在相应学科领域全球前 1% 以内的论文。

笔者对 2017 年度巴西学者发表的 SCI“热点论文”和“高

被引论文”做了数据统计，结果显示：该年度巴西共发表 SCI 论文 5.3 万篇，其中“热点论文”65 篇，分布在全球 43 家刊物上，排名前四的刊物分别是：《柳叶刀》8 篇，《新英格兰医学杂志》（*The New England Journal of Medicine*）6 篇，《自然》杂志 5 篇，《物理学评论通信》（*Physical Review Letters*）4 篇；“高被引论文”355 篇，分布在全球 208 家刊物上，排名前四的刊物依次为：《柳叶刀》19 篇，《新英格兰医学杂志》12 篇，《物理学评论通信》12 篇，《自然》杂志 10 篇。与之形成鲜明对比的是，这一年巴西的“热点论文”和“高被引论文”没有一篇发表在巴西本土期刊上！

作为对比，中国期刊几乎也是同样情形。2017 年《中国科技期刊发展蓝皮书》的数据显示，2007—2016 年，中国作者发表“高被引论文”18974 篇，其中在中国本土期刊上发表的“高被引论文”只有 447 篇，仅占同期中国作者“高被引论文”的 2.3%。

现在的实际情形是，发展中国家正在用本国的科研经费，支持本国的科研人员，产生出优秀的学术论文，去提升西方科技期刊的影响因子，而本国科技期刊将在恶性循环中永无出头之日。更荒谬的是，一些第三世界学者和官员却完全看不到这一点。

原子弹泄密案与科幻黄金时代

*

在 2010 年前后，我和穆蕴秋博士一起研究过若干个科学史案例，都是科幻成为当时科学活动一部分的个案，这些研究论文陆续发表在各种学术杂志上，2016 年集中收入了我和她合著的《新科学史 · 科幻研究》一书中。从时间上看，进入 20 世纪之后，这样的个案就逐渐少见了，但与之异曲同工的故事仍会发生。

曼哈顿工程泄密了?

1944 年，美国科幻杂志《惊奇科幻》（*Astounding Science-Fiction*）上发表了一篇科幻小说《生死界限》（*Deadline*），作

者是克里夫·卡特米尔（Cleve Cartmill）。小说的故事是两个集团 Sixa（隐喻轴心国）和 Seilla（隐喻同盟国）的全球战争（隐喻当时正如火如荼的第二次世界大战），其中出现了一种“终极武器”——使用元素铀的超级炸弹。小说中一位间谍潜入敌方，拆除了这颗原子弹。

以科幻文学的标准来看，《生死界限》是一篇“低劣的小说”，但小说出版一个月之后，负责国家安全调查的特工赖利（Arthur E. Riley）就上《惊奇科幻》杂志编辑部查案了！因为小说被认为有严重的泄密嫌疑。

这篇“低劣的小说”为什么有泄密嫌疑？我们梳理一下时间线就能明白：

1938 年 12 月，德国一个实验室实现了核裂变；

1939 年，美国科学家也在实验室证实了核裂变；

1939 年 8 月、1940 年 3 月，爱因斯坦两次给罗斯福总统写信，发出纳粹德国正在研制原子弹的警告；

1941 年，曼哈顿工程启动，美国决定抢在纳粹德国之前造出原子弹；

1943 年 8 月，《惊奇科幻》杂志主编约翰·坎贝尔（John W. Campbell）在写给卡特米尔的信中，建议他写后来取名《生死界限》的小说；

1944 年 2 月，《惊奇科幻》杂志发表了小说《生死界限》；

1944 年 3 月 8 日，特工赖利上门调查《惊奇科幻》杂志主编坎贝尔；

1945 年 8 月 6 日，美国向日本广岛投放原子弹。

特工赖利上门查案之前要是做了功课，应该也整理过类似的时间线（但他会缺少第五项和第八项）。从这个时间线来看，认为小说的出版背后有泄密嫌疑是完全合理的。而进一步的调查更表明坎贝尔大有嫌疑。

黄金时代的坎贝尔这样办杂志

1943 年 8 月，卡特米尔向坎贝尔兜售一篇关于幽灵船的幻想小说，但坎贝尔对此不感兴趣，他写信给卡特米尔，建议他另写一篇，信中竟有这样的内容：

> 也许可以根据这种想法写一篇小说……我说的不是理论，而是事实：分离出的 U-235 数量足以进行初步的原子能研究，等等。他们用新的原子同位素分离法从普通铀矿石中提取出 U-235，现有的 U-235 数以磅计。他们还没有把提取出来的 U-235 全部放到一起，或者还没有把大部分 U-235 放到一起……他们担心这种能量会产生无比猛烈的

爆炸……连周围的物质都会爆炸……那就严重了。

想想看，杂志编辑和作者，有这样讨论稿件的吗？这难道不是间谍们在交换从曼哈顿工程刺探来的情报吗？

在卡特米尔后来根据坎贝尔的旨意写成的小说《生死界限》中，那颗原子弹用了 16 磅[①] 铀，而且有这样的细节描写：

> 两个铸铁半球夹住橙色的镉合金部分。我看到雷管在一个镉合金的小罐子里，罐中有一个含有少量镭的铍暗盒，还有一个威力足以炸开镉壁的小型爆炸物。然后，如果我说错了，请纠正我，好吗？粉末状的氧化铀一起在中央腔内流动，镭将中子射入这堆铀中，接下来的反应就由 U-235 完成。

当然这些描述并不完全准确，比如那颗在广岛爆炸的原子弹实际上用了 140 磅铀。但是无论如何，小说中的上述描写太像泄密了，这不能不引起国家安全特工的高度警惕。

曼哈顿工程的保密程度，只要提到下面的事实就不难想象了：这个工程本来是由爱因斯坦两次致信罗斯福总统而催生

---

① 磅，英美制质量单位，1 磅约合 0.4536 千克。——编者注

的，可是爱因斯坦本人竟因为“政审”通不过而被排除在工程之外！直到原子弹顺利制造出来并在广岛、长崎成功爆炸之后很久，美国联邦调查局（FBI）仍在没完没了地审查爱因斯坦的“泄密”问题和间谍嫌疑。保密到了这种程度，也难怪特工赖利看到小说《生死界限》就风声鹤唳起来。

但是坎贝尔十分淡定，他对自己的信件和刊发小说等事实全部供认不讳。坎贝尔出身麻省理工学院，本来想当科学家，却阴差阳错成了科幻杂志主编。他成功地将自己变成那个时代美国科幻作家群体的中心人物，众多的科幻作家，包括许多被尊为大师的人物，都在事实上沦为坎贝尔的写手——上面所引他给卡特米尔的约稿信就是典型例证。所以坎贝尔被视为科幻黄金时代的缔造者。

科幻还真是科学的一部分啊！

坎贝尔成功地让特工们相信，他信件中和卡特米尔小说中关于原子弹的描述纯属猜想，只是“猜得太准”而已。非常奇妙的是，坎贝尔还让后世比如内瓦拉–李（Alec Nevala-Lee）这样的研究者相信，整个“泄密”过程和随后招来的调查，都是坎贝尔的精心策划。用今天的话来说，坎贝尔为了炒作自己当主编的杂志，连国家安全部门也敢玩弄于股掌之上，当真是太匪夷所思了。

曼哈顿工程的保密，虽然对爱因斯坦都表现出了不信任，其实在坎贝尔眼中纯属徒劳。战后他曾写道："当时各大行业杂志出版公司都知道正在建设橡树岭的事，而且对其目的了如指掌。"这在一定程度上解释了坎贝尔为何敢将上述"猜想"视同儿戏。

说起《惊奇科幻》杂志，当时也真有些不同凡响之处。坎贝尔发现，有大量《惊奇科幻》杂志是在橡树岭国家实验室（Oak Ridge National Laboratory）附近的药房里售出的，这当然非常有助于推论出"前沿科学家都爱看《惊奇科幻》杂志"这样的论断。而据说纳粹火箭计划的首脑冯·布劳恩（Wernher von Braun），也用假名和在瑞典的通信地址购买过《惊奇科幻》杂志——要是布劳恩也买了载有小说《生死界限》的那一期，那坎贝尔即使没有泄密动机，至少也有了泄密效果了。

虚惊一场的《惊奇科幻》杂志泄密案调查不久就结束了。后续发展再次出人意表："国防研究委员会"认为坎贝尔的科学背景可以为国家所用，要他负责招募团队来帮助解决军舰声呐设备的操作手册问题。

坎贝尔真的立刻开始招募人员从事这项工作。由于英美不少科幻小说作家本身就是从事前沿工作的科学家（至今仍是如此），所以坎贝尔招募的人员中有不少科幻作家。“大神”级的罗伯特·海因莱因（Robert Heinlein）很想加入，坎贝尔也有意招募他，但调令始终不下来（说不定也是“政审”问题）。不过海因莱因圈子里的斯坦顿（L. Jerome Stanton）和坎贝尔从《惊奇科幻》发现的作者史密斯（George O. Smith）成功被招募。

声呐组后来竟扩大到70余人，其中包括4位杂志主编。这个团队弄出了13份声呐手册，涉及潜艇、驱逐舰、猎潜舰等军舰上的各种声呐设备，也算是为盟国海军的反法西斯战争做出了一点直接贡献。坎贝尔原想借此机缘重温科学家的旧梦，但未能如愿，最终他辞去声呐组职务，继续去缔造科幻的黄金时代。

曼哈顿工程的保密工作就是一个笑话

*

时间线中的相关背景

我已经写过四篇和原子弹有关的故事，我们先结合这四个故事，将有关原子弹历史的时间线整理一下，因为这对我要讲的第五个故事非常重要。

1913 年，英国物理学家欧内斯特·卢瑟福（Ernest Rutherford）提出原子理论，随后丹麦物理学家尼尔斯·玻尔（Niels Bohr）发展了这一理论，他们两人成为原子理论的权威。1914 年，英国科幻作家赫伯特·乔治·威尔斯（Herbert George Wells）在小说中首次想象了原子弹，但是卢瑟福直到 1937 年去世，玻尔直到 1939 年，仍然多次公开表示：实际制造原子弹是不可能的，是“痴人说梦”。

1938 年 12 月，德国一个实验室实现了核裂变。

1939 年 8 月、1940 年 3 月，爱因斯坦两次致信罗斯福总统，发出纳粹德国正在研制原子弹的警告。

1940 年 3 月，流亡英国的两位讲德语的科学家奥托·弗里希（Otto Frisch）和鲁道夫·派尔斯（Rudolf Peierls）解决了“临界质量”问题，使得制造原子弹成为可能。这个惊天发现立即被秘密汇报到英国高层。

1941 年，曼哈顿工程启动，美国决定抢在纳粹德国之前造出原子弹。少量英国科学家获准参加曼哈顿工程，而爱因斯坦却因“政审”通不过而被排除在曼哈顿工程外。

1941 年秋天，沃纳·卡尔·海森伯（Werner Karl Heisenberg）和玻尔在哥本哈根进行了后来双方都讳莫如深的会晤，他们可能谈到了“临界质量”问题。

1944 年 2 月，美国《惊奇科幻》杂志发表了小说《生死界限》，想象了一些原子弹的技术细节，次月即遭美国国家安全部门的调查，但调查的结论认为这只是小说家的猜想，不存在泄密或间谍问题。

1945 年 8 月 6 日，美国向日本广岛投放了原子弹。

1949 年 8 月 29 日，苏联原子弹试验爆炸成功。

1952 年 10 月 3 日，英国原子弹试验爆炸成功。

上面这个时间线当然不可能巨细靡遗，我只列出了和第五个故事直接有关的部分。

一个曼哈顿，三家原子弹？

长期以来我们都习惯认为，原子弹是美国人造出来的。就字面意思而言这个说法当然不能算错，但我们只要稍微了解一下有关历史，就知道这个说法让英国人受了多大的委屈。英国是第三个造出原子弹的国家，但原子理论出现于英国，原子弹的设想出现于英国，制造原子弹的关键技术“临界质量”问题解决于英国。照理说，只要不将“临界质量”的惊天秘密分享给美国，英国应该有可能自己先搞出原子弹。

但是当时的实际情况是，英国正在和德国殊死搏斗，打得遍体鳞伤，确实找不到安静的地方和足够的人力物力来搞原子弹。而美国直到1940年仍在坐山观虎斗，卖军火发大财，广袤的国土没有任何战火。所以丘吉尔希望美国来搞原子弹，然后带上英国，这个想法确实也有合理性，至少在当时他也没有更好的选项。

曼哈顿工程于是启动。当时保密意识之强，到了骇人听闻的地步。工程明明是爱因斯坦给美国总统写信而推动的，爱因斯坦本人却因为“左倾”“同情共产党”等原因而通不过“政审”，被排除在工程外。美国就连看到一篇科幻小说里想象了关于原子弹的技术细节，也要怀疑有人泄密，马上立案调查。但是如此临深履薄、草木皆兵，曼哈顿工程真的保密了吗？

英国人史蒂芬·格雷（Stephen Grey）写了《间谍的世界：现代谍战内幕——从冷战到全球反恐战争》（*The New Spymasters: Inside Espionage from the Cold War to Global Terror*）一书，里面说美国尽管耗费巨资，“间谍特工遍布天涯海角”，却仍然挡不住苏联间谍的渗透。据说斯大林在曼哈顿工程内部安插了数十名间谍，他对曼哈顿工程进展的掌握，比罗斯福还要快捷全面。

而最让曼哈顿工程保密工作蒙羞的，是 1950 年在英国爆出的“世纪间谍案”——由英国派遣参加美国曼哈顿工程的德国流亡科学家竟是苏联间谍！此人将曼哈顿工程中他所能接触到的所有情报都原原本本交给了苏联，当然他也将情报交给了英国（这本来就是他奉派参加曼哈顿工程的任务）。

所以，令曼哈顿工程保密工作无地自容的事实是，一个曼哈顿工程，实际上至少催生了三个国家的原子弹。况且“世纪间谍案”也不是由作案地点美国的国家安全机构破获的，还是英国人替他们破获的。

一位德国共产党人的传奇人生

福克斯（Klaus Fuchs）1911 年出生于德国，1930 年入莱比锡大学，有物理学天分，1932 年加入德国共产党。纳粹德国兴起，福克斯先流亡到巴黎，后来到伦敦。当被英国派遣参加曼哈顿工程时，他可能已经是一名潜伏的苏联间谍，但也可能是后来被策反的。

1950 年，参加曼哈顿工程的英国科学家都已经回国，福克斯也已出色完成了组织上交给他的间谍任务。没想到这时候，他的苏联间谍案却东窗事发，2 月初他以间谍罪被逮捕，震惊了他周围所有的人。

在前文中，流亡英国的德国科学家派尔斯，是解决了原子弹“临界质量”问题的两个人之一。派尔斯也奉派参加了曼哈顿工程，他和福克斯又是德国老乡，两人一起工作，结下了深厚的友谊，派尔斯太太也和福克斯有着非常亲密的关系。夫妇俩打死也不相信自己朝夕相处的好友会是苏联间谍，派尔斯向伦敦警察厅要求会见福克斯，得到了批准。派尔斯去会见过福克斯两次，第二次还带了太太一起去。

会见的结果让派尔斯夫妇几乎崩溃——福克斯坦然承认了自己是苏联间谍。他之前已经认罪了，并在一份陈述中大义凛然地写道：“我完全信任苏联的政策，我认为西方盟国故意让苏联和德国两败俱伤，因此，我毫不犹豫地将我知道的所有情报提供给了他们。”

派尔斯太太哭着给狱中的福克斯写信，泪水打湿了信笺；狱中的福克斯也哭着给派尔斯太太回信，泪水也打湿了信笺——史料记载如此，我们不是在看电影。其实，派尔斯夫妇不知道的是，从美国回来后，他们家的电话就一直被英国警方窃听！幸好派尔斯始终真心效忠不列颠，警方没在他电话中发现任何毛病。

审判的日子到了。1950 年 3 月 1 日，福克斯在中央刑事法庭接受审判，旁听席上挤满了记者和名流。但这样惊天动地的“世纪间谍案”，只审了 90 分钟就结束了，福克斯坦然承认了所有指控，并感谢法庭的公正审判。他本来以为会判死刑，他已经准备好为共产主义事业献出生命了。没想到法官指出：他向苏联提供曼哈顿工程的情报时，苏联并非敌国而是盟国，所以福克斯罪不至死，他被依法判处刑期 14 年。

1959 年，福克斯因在狱中“表现优良”而提前获释，那年他 48 岁。他选择去民主德国工作，担任核物理研究所副所长。几度风雨，几度春秋，福克斯劫后归来，居然又开启了一段美好人生，他在民主德国成为科学院院士、中央委员，获得了卡尔·马克思勋章。

1988 年，福克斯寿终正寝，作为一个忠诚的共产党人，他没有目睹柏林墙倒塌、苏联解体、东欧剧变。那世界社会主义阵营的至暗时刻，一定会令他心碎。

美国因为重视基础科学而强大？
20 世纪最大的战略欺骗

*

美国人范内瓦·布什（Vannevar Bush）的名字，总是会和一本叫《科学：无尽的前沿》（*Science: The Endless Frontier, A Report to the President on a Program for Postwar Scientific Research*）的书联系在一起，以至于他的传记也被起名为《无尽的前沿——布什传》（*Endless Frontier*：*Vannevar Bush*，*Engineer of the American Century*）。《科学：无尽的前沿》这本 70 多年前的旧书，在一般公众中并无知名度，但是在科学共同体边缘的某些小圈子里，却是被顶礼膜拜的对象。我在法国杂志《新发现》中文版上写了 16 年的“科学外史”专栏，因中方和法国的合作在 2021 年年底结束，从今年（本文原载于 2022 年 1 月 12 日《第一财经日报》）起转到《第一财经日报》，正好拿本文来祭旗。

一份提交给美国总统的内部报告

第二次世界大战后期，盟国已经胜利在望，1944 年某日，罗斯福未雨绸缪，找科学官员布什来商量战后如何对待科学技术，布什担心打完仗科学会被扔在一边没人重视，建议罗斯福要对此“做点什么”。1944 年 11 月 17 日，罗斯福书面要求布什提交报告，回答四个方面的问题，布什接受了任务。

布什当然又将任务分包下去，他按照精英主义理念挑选了一些人，分别成立了四个委员会，让每个委员会各自向他提交报告。四个委员会的报告交上来之后，布什为每个报告撰写了提要，以此构成提交给总统阅读的报告，而将各委员会的四份报告原文，连同他交代四个委员会成员构成的简要报告，作为附录。整个文件，包括提交给总统的报告，连同五个附录，就是《科学：无尽的前沿》。1945 年 7 月 5 日，当布什将报告呈送上去时，美国总统已经换成了杜鲁门。

关于这份报告公开出版的年份，出现了一些争议。以前大家公认《科学：无尽的前沿》是 1960 年公开出版的，这本来并无问题。但最近有学者出于辩论的目的，试图论证报告在 1945 年即已公开出版，是缺乏说服力的。

事实上，关于这份报告在 1945 年“公开出版”的证据是一张扉页的照片，但是那扉页下端并无任何出版机构，却分明印着“印刷局”（文印局，Printing Office）字样，这恰恰证明了它是一份内部文件。从常识看，递交给总统的长篇报告总要打印印刷的，难道还能让总统阅读手写的文本？《无尽的前沿——布什传》在谈到这份报告时，一则曰“因为国家印刷局的耽误……”，再则曰“布什……曾经把 100 份报告事先分发给了华盛顿的圈内人”，都进一步证明它当时就是一份内部文件。

布什忽悠了媒体，却在政府中遇冷

那么在 1945 年到 1960 年这 15 年中，围绕着这份报告发生了一些什么事呢？我们还需要先回到文本本身。

就《科学：无尽的前沿》目前已有的中译本而言，无疑是 2004 年商务印书馆出版的范岱年等译的版本《科学——没有止境的前沿》最好，因为它包括了布什提交给总统的报告和五个附录的全文，以及一系列相关文件，全书版心字数 22 万余字。而 2021 年中信出版社的崔传刚译本《科学：无尽的前沿》，只有一篇导读和布什提交的那几十页报告（44—123 页），所有的附录都去掉了（据说目前只能买到这样的版权），为此不得不用国内 10 位学者的“拓展评论”来填充篇幅（125—

230 页）。新版唯一可取的是书名更为简洁有力了。

布什确实在报告中强调要发展基础科学："基础科学研究是科学的资本。再者，我们已不能继续依赖这种科学资本的主要源泉——欧洲。"他还在报告的最后提出，要成立一个基金会来资助科学研究。

因为杜鲁门总统对他的报告和建议无动于衷，布什转而向媒体披露他的报告，收到了一些"非常卓越""划时代的报告"之类的溢美之词，让他聊以自慰。此后，布什的这一说法在国际上广泛传播，影响了几代人，在中国也产生了相当大的郢书燕说式的影响。

杜鲁门对布什鼓吹的基础科学研究没有兴趣，成立基金会的事，在国会投了五年票都通不过，最后利用特殊程序总算在 1950 年通过了，定名为"国家科学基金会"（NSF）。

许多人一听说《科学：无尽的前沿》，一看到"国家科学基金会"，就在精神上被震得跪了，就想当然地认为美国"开启国家强力资助基础科学研究新时代"了。但到"国家科学基金会"官网上去看一看呢？我第一次去查的时候，看到了一个非常惊人的数据——"国家科学基金会"第一年仅仅拿到 15 万美元！我怀疑我看错了，应该是 15 亿吧？再仔细看真的是 15 万！后来当然也逐年增加了，但往后每年"国家科学基金会"能拿到的钱长期只占美国科技研发总经费的 1.5% 左右——注意是 1.5%，这不就是一点点面包屑吗？

《科学：无尽的前沿》至少在客观上产生了欺骗效果

我曾将《科学：无尽的前沿》在 1960 年的公开出版视为“20 世纪最大的战略欺骗”，有些学者不以为然，甚至义愤填膺。但我这样说并非凭空猜测的“阴谋论”，而是有依据的，最关键的是三个数据。

1. 美国多年来在科技研发的全国公私总投入中，基础科学始终只占 15% 甚至更小，这个占比是西方发达国家中最低的。数据来自美国历年的《科学与工程指标》（*Science & Engineering Indicators*，简称 SEI）报告，全美科技研发总经费（“R&D 总额”，包括国家和私人企业的总投入）被分成三大部分：基础研究、应用研究、实验发展，后两部分都是应用和技术研发。

2. 被许多人视为美国基础科学研究象征的美国“国家科学基金会”，多年来始终只能获得美国全国科技研发总经费中的约 1.5%。数据来自历年 SEI 报告及“国家科学基金会”官网。

3. “国家科学基金会”每年获得的经费也不是全部投入了基础科学研究项目。在“国家科学基金会”官网上，列有“国家科学基金会”为60周年纪念（1951—2011）而开列的60项成功资助项目清单，经统计发现：只有12项可以明确确定为基础科学研究，倒是有24项可以明确确定为技术，比如条形码、云计算、光纤等，看看，“国家科学基金会”得到的面包屑中，到底有多少才是真正用于基础科学研究的呢？后来在工程师群体的抗争下，“国家科学基金会”拿到的经费在全美科技研发总盘子中的占比增加到了4%左右，但此时有更大比例的资助经费被工程和技术项目获得。

也就是说，当世人普遍相信美国正是因为重视基础科学研究而成就霸业时，美国人实际上做的完全是另一套。如果坚持要将布什和美国科技视为一个整体（许多人愿意如此），那结论只能是：美国在说一套做另一套。

当然，尽管布什是美国的科学官员，但考虑到他的主张事实上在美国政府中颇受冷遇，我们并无足够的理由将他和美国科技视为一个整体。所以实际上很可能是：布什在说一套，美国政府在做另一套。

但问题是，许多人曾天真地相信：美国人说的和做的，必然是同一套。这直接导致《科学：无尽的前沿》在中国产生了奇特的影响——许多人由此坚信：美国就是因为重视基础科学而强大的，尽管这个信念完全得不到数据的支持，只是因为听说布什这么说而已。

归根结底，布什这么说，也许只是他们少数人的愿景宣示，但也可能是冷战中一次有意识的战略欺骗。无论如何，在客观上它确实对世人（包括许多中国学者）产生了广泛而真实的欺骗效果。

第三章

科学与幻想及商业炒作

知道科学进展扼杀过多少幻想吗?

*

关于科学和科幻的先后关系，大部分人可能没有想过。现代科学通常被认为发端于文艺复兴时期，不过数百年历史；为了让科学的历史更长，去掉“现代”，就能将科学的历史追溯到古希腊，但这无论如何已经是科学最早的源头了，而科幻的历史呢?

最短的历史是认玛丽·雪莱（Mary Shelley）为祖师奶奶，她的《弗兰肯斯坦》（*Frankenstein*）初版于1818年面世，这当然让科幻远在科学之后了。但科幻最远的历史，居然有人追溯到了巴比伦史诗《吉尔伽美什》（*The Epic of Gilgamesh*），那时，世界上肯定还没有任何科学，那就是科幻远在科学之前了。比较折中一些的观点愿意将科幻追溯到古希腊罗马时代，例如希腊史诗《奥德赛》（*ΟΔΥΣΣΕΙΑ*）或普鲁塔克

（*Πλούταρχος*）《月亮上的脸》这样的作品。这样科学和科幻的源头都在古希腊。

更多的人相信科学和科幻是相伴而行的，这种图景在大部分情况下确实也能成立。但人们很少注意到的是，在科学的发展过程中，它也曾无情扼杀了许多科幻的主题和意象。

月亮：想象的高潮是骗局

月亮自古就是人类想象的渊薮，从普鲁塔克的《月亮上的脸》到开普勒的《月亮之梦》（*Somnium*）是西方一脉，中国也有嫦娥、玉兔、广寒宫，这些想象都认为，月亮上可能存在类似地球上的人类或生物。

在开普勒的《月亮之梦》（于他身后1634年出版）中，他对“月亮居民”的想象是“长于泥地里，他们身材庞大，成长迅速，但生命周期非常短暂……月亮上存在某个种群，他们能够合理地在月球表面建造凹地”。关于这些生物去往月亮的途径，开普勒也有设想：掌握着飞行技艺的魔鬼们，选择当地发生月全食时作为从地球飞向月亮的旅行时刻，这时地球在太阳照射之下所形成的锥形阴影就能触及月亮，这就形成了一条到达月球的通道。这简直可以算17世纪的“硬科幻”了。

这样的想象至少持续了 200 年，在 1835 年达到高潮。这年 8 月，纽约《太阳报》(*The Sun*) 头版连载长文“约翰·赫歇尔 (John Herschel) 先生在非洲好望角刚刚获得伟大的天文发现”(来自《爱丁堡科学杂志副刊》)，说赫歇尔用“直径达 24 英尺[①]、重达 15000 磅、放大倍数为 42000 倍”的望远镜，在月亮上发现了智慧生物，它们“长着像蝙蝠一样的翅膀”。大多数读者的注意力完全被月亮上新发现的内容吸引，连耶鲁大学的几位天文学教授也上当了。著名作家爱伦·坡后来回忆此事时也提到，弗吉尼亚学院的一位资深数学教授很严肃地告诉他，自己对整个事件一点都不怀疑。《太阳报》凭借“月亮新发现”蹿升为美国报界的一颗新星，8 月 28 日的总发行量超过了当时世界上发行量最大的报纸《泰晤士报》(*The Times*)。但随后《太阳报》记者向外透露：所谓的月亮新发现，除赫歇尔正在南非进行天文观测是确有其事之外，整件事情纯属子虚乌有，完全出自他本人杜撰，此事实为一场骗局。

如果说望远镜对科幻曾经有过启发促进之功，如托马斯·库恩在《哥白尼革命：西方思想发展中的行星天文学》(*The Copernican Revolution*：*Planetary Astronomy in the Development of Western Thought*，后文简称《哥白尼革命》) 中所描述的：“望远镜成为

---

① 英尺，英美制长度单位，1 英尺合 0.3048 米。——编者注

一种流行的玩具，对天文学或任何科学此前从未表现出兴趣的人，也买来或借来这种新仪器，在晴朗的夜晚热切地搜索天空……一种新的文学也随之诞生了。”那么此后两百年中，望远镜越造越大，对月面的观察越来越清晰，望远镜已经开始呈现出对月亮幻想的扼杀作用——人们逐渐知道，月亮只是一个没有大气、没有液态水、环境随着日出日落在酷热和严寒中急剧变换的贫瘠荒凉的天体，地球上的人类和其他生物不可能在这样的环境中生存。此后，月亮幻想只剩下地下的秘密基地之类，比如“神片”《钢铁苍穹》（*Iron Sky*）中就有这样的故事。

太阳上的居民

在当代科幻作品中，太阳几乎成了被遗忘的角落，人们很少对太阳展开想象。然而在 19 世纪之前，情况并非如此。

例如 1795 年和 1801 年，威廉·赫歇尔（Wilhelm Herschel）在皇家学会《哲学通汇》（*Philosophical Transaction*）上发表两篇文章，对太阳的“本质结构”进行探讨，他很认真地提出了一个观点——太阳是适宜居住的！

在第一篇论文中，赫歇尔报告说，他在对太阳的持续观测基础上，得出结论：发光的太阳大气下面布满山峰和沟壑，是一个适宜居住的环境。在第二篇论文中，他提出了一种存在于太阳实体表面的“双层云”结构模型。在他看来，“双层云”结构模型除了为各种太阳观测现象的解释提供了更加坚固的理论支持，还进一步巩固了他关于太阳宜居的观点。他宣称：“我们有非常充足的理由，将太阳视为一个最高贵的适宜居住的球体。”

赫歇尔关于太阳宜居的理论，在今天看起来很像幼稚的科幻，但在当时却是高端的学术论文。他的理论在当时也有学者表示支持，例如法兰西科学院院长弗朗索瓦·阿拉贡（François Arago）、英国物理学家大卫·布鲁斯特（David Brewster）等。

为什么赫歇尔的太阳宜居理论今天看起来像幼稚的科幻？因为今天稍有天文学常识的人都知道，这太违背常识了。例如，太阳的表面温度接近 6000℃，任何生物在这样的温度下都只能变成等离子体。又如，太阳表面的重力加速度是地球表面的 28 倍，人在这样的状态下早就七窍流血而死……

那么，太阳表面温度我们是怎么知道的？难道有谁上去测量过？当然没有。就在赫歇尔发表他的太阳宜居论文之后十几年，光学家约瑟夫·冯·夫琅禾费（Joseph von Fraunhofer）于 1817 年发表了太阳光谱图，这标志着光谱分析时代的到来。从此，无论多么遥远的天体，我们只要能够看到它的光，就能分析出它的大气由哪些元素构成、处于什么样的温度。光谱分析在开启太阳物理学、恒星物理学的同时，瞬间扼杀了关于“太阳居民”的一切想象。顺带也几乎扼杀了所有关于金星的想象——现在我们知道金星包裹着一层极为浓厚而且充满有毒元素的大气。

火星：硕果仅存的幻想对象

在 19 世纪、20 世纪之交，火星曾经是科学和科幻共同钟爱的大热门。首先是望远镜开启了人们对火星的科学热情和幻想热情，发端于 19 世纪末期的关于“火星运河”的观测和报道可以说是这两者的结合。“运河”的存在被认为是“火星文明”的产物。

法国业余天文学家尼可拉斯·卡米伊·弗拉马利翁（Nicolas Camille Frammarion）在他的私人天文台做了大量火星观测，他宣称发现了 60 余条“火星运河”和 20 余条“双运河”。美国富翁珀西瓦尔·洛厄尔（Percival Lowell）在亚利桑那州建造了一座装备精良的私人天文台，用 15 年时间拍下了数以千计的火星照片，在他绘制的火星表面图上，竟有超过 500 条的“运河”！他先后出版了《火星》（*Mars*）、《火星和它的运河》（*Mars and Its Canals*）、《作为生命居所的火星》（*Mars as the*

Abode of Life）等书，坚信火星上有智慧生物。

而这一时期欧洲科学界有一件非常时髦的事情，是设想如何与火星文明进行沟通。许多在科学史上留下过鼎鼎大名的人物，比如发明无线电的伽利尔摩·马可尼（Guglielmo Marconi）、优生学家弗朗西斯·高尔顿（Francis Galton）、数学家约翰·卡尔·弗里德里希·高斯（Johann Carl Friedrich Gauss）、物理学家尼古拉·特斯拉（Nikola Tesla）等等，都曾发表过他们设计的与火星文明交流的方案。

但随着望远镜越造越大，人们终于知道“火星运河”纯属子虚乌有，火星只是一个表面干燥、几乎没有大气（大气浓度仅为地球的0.8%）的荒凉星球，地球生物很难在这样的环境中生存，当然也就很难想象“火星文明”了。1898年，威尔斯的小说《星际战争》（*The War of the Worlds*）开启的关于火星人的故事逐渐趋于沉寂。不过火星还算幸运——在太阳系各天体中，迄今为止，火星仍是相对最受科幻创作者青睐的，想象大多集中于人类未来对火星的开发。

奥陌陌[①]：外星文明的使者真的来过了吗？

*

多年以来，科幻作家已经幻想过无数外星文明来到地球的故事，一些神秘主义的“非虚构作品”也讲过许多同类故事，例如埃利希·冯·丹尼肯的《众神之车》（*Chariots of the Gods*），但专业的天文学家却从来没有认可过任何外星文明到过地球的任何证据。直到 2017 年之后，情况才开始出现变化。

① 奥陌陌（‘Oumuamua），夏威夷语“侦察兵”之意。

一个奇怪的访客

2017 年 10 月 19 日，天文学家罗伯特·韦瑞克（Robert Weryk）用位于夏威夷的“全景巡天望远镜和快速反应系统”（Pan-STARRS）发现了一个进入太阳系的小天体。随后国际天文学界开始注意它，查找和分析了它此前留下的踪迹，数据显示：它 9 月 6 日进入了太阳系的黄道面，9 月 9 日到达它的近日点，随后离太阳系而去。从它的运行来看，它似乎来自织女星方向，离开太阳系之后去的方向是人马座。

我们的太阳系里其实有无数小天体，比如小行星、彗星等等，但是这些都是我们太阳系的“家庭成员”（有些可能是从外面俘获的），并非外来之客。而上面这个小天体却特别引人注目。天文学家给它起了名字：奥陌陌。国际天文学联合会（IAU）按规则给它的命名是“1I/2017 U1”，这个命名已明确表明了该小天体不同凡响的身份：命名中第二个字母是大写的“I”，即“interstellar”（星际）的缩写，表明它是人类发现的第一个星际来客。

星际来客是什么意思？这有很大的猜想空间。目前我们只能先根据人类自己的情形来猜测。人类到目前为止已经向太阳系之外发射过 5 个航天器：旅行者 1 号、旅行者 2 号、先驱者 10 号、先驱者 11 号、新视野号。这 5 个航天器离开太阳系之后，就会在宇宙中漫无目的地开始漫游，很像被丢入大海中的漂流瓶。人类发射这种航天器，目的是希望有朝一日它们会在茫茫宇宙中被别的文明发现，就像人们从海里捡到了漂流瓶，打开瓶子，知道原来在遥远的地方，还有这样的人、这样的故事。

既然人类已经向宇宙发射过 5 个漂流瓶了，那奥陌陌会不会是别的文明发射出来的漂流瓶呢？国际天文学联合会的专业命名包含了这种可能性，但要真正确认这一点，目前仍有巨大分歧。

访客那些奇怪的特征

在太阳系中，彗星是一种奇特的天体。它们中有一半以上并非人们熟知的哈雷彗星那样会周期性回归的彗星，那些具有抛物线型或双曲线型轨道的彗星，在经过太阳附近之后就会一去不返，只有椭圆型轨道的彗星才会周期性回归。但是，只要彗星轨道的椭圆足够长（比如有的彗星回归周期长达数千年），而人类目前只能观测它们接近太阳的那一段，那么这三型轨道并非那么容易区分和计算。（哈雷彗星非常特殊，它的椭圆很短）

所以，当奥陌陌出现时，大部分保守的天文学家的第一反应肯定是“会不会是一颗彗星”，只有那些非常渴望建功立业急于发现奇迹的天文学家才热衷于将它假想为一位星际来客。因此，后者必须花大力气说服前者，让他们相信奥陌陌不是彗星而是星际来客。

第一个麻烦是，人类搞了那么多的天文仪器，但这次并未能给奥陌陌拍下一张哪怕只是稍微清晰一点的照片，所以不知道它的形状，但天文学家还是获得了一些有用的数据。

奥陌陌的亮度，每 8 小时变化 10 倍。

和通常的小行星或彗星相比，奥陌陌反射的阳光至少是它们的 10 倍。

这些数据让天文学家推论出奥陌陌的形状：它是一个长条形，或薄片圆盘形。无论如何，人类从来没有发现过这种形状的小行星或彗星。

第二个，也是更大的问题，是奥陌陌的运动轨迹。这个轨迹用太阳对飞近它的物体的引力是无法解释的。奥陌陌以接近于垂直的角度进入太阳系的黄道面，在绕太阳运行了一小段之后，再次以大角度离开黄道面，并离太阳系而去。到 2018 年的 6 月，奥陌陌的轨迹表明，它受到一个力的驱动，这个力和它与太阳距离的平方成反比。

这些信息非常有利于形成这样一个推论：奥陌陌是有动力

的，这个动力能够让它抗拒太阳引力的强大作用，当它依靠这个动力远离太阳时，随着太阳引力的衰减，它的抗拒之力也相应减小了。

对保守的天文学家来说，以上这些信息及其推论，还不能将彗星的影子完全驱逐干净。因为彗星在接近近日点时，有可能因蒸发、解体等情况而获得某种动力，这被称为彗星的“火箭效应”。不过这种现象通常会形成可观测到的彗尾，而天文学家在对奥陌陌的观测中没有发现任何此类迹象。

真是外星文明的使者?

到目前为止，围绕奥陌陌是彗星还是星际来客的争论并未结束。如果我们接受保守派的意见，那不过是发现了一个有点奇怪的彗星而已，除了天文学家中的一小部分人，没有人会关心此事。而如果我们接受了另一派的意见，那就是一件大事了。

我作为一个前职业天文学家，当然乐意接受“星际来客派”的意见——否则天文学还有什么趣味呢？根据这一派的意见，关于奥陌陌可以归纳出如下推论。

奥陌陌是一个外星文明发射的航天器，它呈长条形或薄片圆盘形，自身拥有动力，或者还有光帆驱动能力（利用太阳光的照射获得动力）。它 2017 年来我们太阳附近走了一遭，很快又离开了。

国际天文学联合会既然将奥陌陌命名为“1I/2017 U1”，可以认为已经承认了它的星际来客身份，看来“星际来客派”已经在某种程度上占了上风。

假定奥陌陌真是星际来客，那问题就大了！这里只说两点，都未必是好事。

第一，至少我们可以肯定，地球人类并非宇宙中唯一的智慧生物。这些年来，围绕着“费米佯谬”至少已经有 75 种答案，它们都试图解释为什么我们至今没有发现外星人。现在，如果同意奥陌陌是星际来客，那就可以肯定，除了我们地球人类，宇宙中还存在着别的智慧文明。

而且我们还可以推论：发射奥陌陌的文明，至少在科技上肯定比地球文明更先进，因为他们的“侦察兵”可以到我们太阳系来，而且还可以不被太阳的巨大引力俘获，想来就来，想走就走。我们人类已经发射的那 5 个“漂流瓶”可没有这样的能力。

第二，这直接引导到国际上持续了好几十年的争论：地球人类应不应该去和外星文明建立联系？赞成派认为，找到了外星文明能让我们的科技和文明飞跃，所以会有各种各样关于美国政府向公众隐瞒和外星人接触证据的传说。反对派认为，寻找外星文明就是引鬼上门，引狼入室，因为外星文明必然对地球人类实施征服或奴役（这是从我们的唯一样本——地球人的行为推论出来的，那就是西方列强对世界各地的殖民侵略）。《三体》中的“宇宙社会学”就是对这一派意见的生动图解。

那么现在这个争论说不定很快就能见分晓了。如果奥陌陌是星际来客，就说明鬼已上门，接下来狼是不是快要入室了？在不远的将来，奥陌陌这个“侦察兵”会不会带着1000艘三体人的星际战舰来征服我们的太阳系？

当然也还有别的可能，比如奥陌陌所属的文明认为，地球文明太落后、地球资源太贫乏，根本不值得入侵或征服。又如最终发现奥陌陌真的不是星际来客，只是急于拿诺贝尔奖的天文学家在捕风捉影而已。

戴森球：人类利用太阳能的终极展望

*

我小外孙开始玩一款叫“戴森球计划”的游戏，自感又有独得之秘，某日率尔问道：“难道外公也知道戴森球？”他爹妈不禁莞尔。哈哈，老朽还真知道一些关于戴森球的事情，不过基本上和游戏无关。

文明发展对能源的需求

一个星球上出现智慧生物，发展出了文明，对能源的需求就会快速增长。目前，地球人类就处在这样的状态中。我在《地球流浪之后：第三堂令人沮丧的算术课》一文中，曾用2019 年的数据估算出当时地球的全年能耗总量，相当于太阳投射到地球总能量的约万分之一。

在这个全球总能耗中，能量主要取自煤炭、石油、天然气，但这些传统能源归根结底也是太阳能的存储，另外还有核能和直接的太阳能等新能源，直接利用的太阳能目前仍只占全球总能耗中很小一部分。

但是，文明发展过程中对能源的需求是没有止境的，特别是进入工业化之后，这种需求会快速增长。例如，2018 年全球总能耗（198 亿吨标准煤）就比上一年增长了 2.9%。这个年增长率看上去似乎不高，但假定以这个年增长率持续下去，只要 320 多年，全球总能耗就可以增长到目前的一万倍。

地球上的传统能源不久终将枯竭——各种估计大相径庭，比较乐观的一种是，以目前的全球总能耗（未考虑逐年增长），传统能源还能用数百年。另一种重要的能源是核能，目前的裂变核能主要以核电的形式被利用，效率不高，核废料问题又很大，人类只有搞成聚变核能才可高枕无忧，然而那一天又遥遥无期。利用聚变核能，理论上的蓝图早就有了，但技术手段上始终难以突破。

所以，人类在能源问题上最终的出路，最有希望的还是利用太阳能。戴森球，可以说就是对人类利用太阳能的终极展望。

戴森球的设想

根据人类目前掌握的恒星和太阳的知识，太阳每分钟向地球轨道上 1 平方厘米的面积投射 1.97 卡的能量，比较专业的说法是“太阳常数 =1.97 卡（平方厘米每分钟）”，再考虑地球的实际尺度之后，就可以得出地球每年从太阳获得的总能量——这里我们只需知道这个总能量是目前地球全年总能耗的约一万倍即可。

这也就是说，如果地球耗光了传统能源，又不考虑核能（毕竟目前核能在全球总能耗中占比还很小），那么我们从太阳对地球的辐射中，最多只能获得目前全球总能耗的约一万倍的能源。而我们还知道，按人类目前对能源需求的增长速度，只需 320 多年，就会达到目前全球总能耗的一万倍这个极限。

即使我们能够将太阳辐射到地球上的能量全部吸收利用，几百年后能源需求增长到了上述极限之后怎么办？戴森球就是要设法解决这个问题。

弗里曼·戴森（Freeman Dyson）是美籍英裔物理学家，早年在量子电动力学领域有过重要贡献，是可以列入物理学大师行列的人物，他后来长期在普林斯顿高等研究院工作。在这个适合闲人胡思乱想研究无用之学的地方，戴森也涉足了不少别的领域，比如星际航行之类。戴森球的设想也可以被视为他

“心有旁骛”的成果之一。

和巨大的太阳相比，地球好比遥远距离（1 天文单位，即地球绕日公转轨道的半径，约 1.5 亿千米）处的一颗小豆子，这颗小豆子接收的太阳辐射能量，虽然有目前全球总能耗的约一万倍，但对全方位的太阳辐射能量来说，显然只是极小极小的一部分。

要准确计算太阳的辐射总能量，就是一个半径为 1.5 亿千米的球面积，用平方厘米来表达的数值，这个数值就是相对于前面提到的太阳常数的倍数。如此巨大的能量，绝大部分都散入无垠的太空而白白浪费了，我们地球依靠太阳的自然照射，能够得到其中的多少份额呢？戴森已经估算过了，大约是十亿分之一。

换句话说，我们地球从太阳自然照射中得到的总能量，虽然是目前地球全球总能耗的约一万倍，但这只是太阳总辐射能量中的约十亿分之一。戴森球的想法，就是要让地球这颗小豆子，从太阳辐射能量的这十亿分之一外，尽可能再多拿到一些。

1960 年，戴森在《科学》杂志上发表了一篇短文，提出了戴森球的想法：一个足够先进的行星文明，应该有能力建造一个球形结构，将自己和自己的恒星（太阳）包裹在里面，这样太阳的很大部分辐射能量就可以被采集起来，供该文明使用。

此后人们就将这种想象中的球形结构称为戴森球。

遥远的前景

其实，戴森球的想法并非没有先驱，至少戴森自己就承认有一个，即英国科幻作家奥拉夫·斯特普尔顿（William Olaf Stapledon）的小说《造星主》（*Star Maker*），这部小说 2021 年出版了中译本。戴森表示，《造星主》启发了他，而他则将小说中的想法扩大并从科学上具体化了。不过戴森是认真的，他不是在创作科幻小说，而是在进行科学构想。

按照戴森原初的设想，戴森球并非整体刚性的球体（如此巨大的刚性结构在物理上是不可能的），而是几十组巨大的圆环，圆环本身则以无数个小岛的形态分布在太空之中，围着太阳旋转（有点像我们太阳系中的小行星带）。所以这种设想也可以称为戴森环。

戴森也没指望将太阳的辐射能量全部吃干榨净，但哪怕这些戴森环只能获得太阳辐射能量的十分之一，也将使地球获得的太阳辐射能量比目前增长一亿倍，够地球挥霍很久了。

当然困难是巨大的。首先，建造如此巨大的球形或环形结构——半径至少要略大于 1.5 亿千米，才可以将地球包容在内，用什么材料？从哪里获得这些材料？就是将整个地球都用上，只怕都远远不够。戴森将目光投向了我们太阳系中最大的行星木星。木星质量是太阳系其余行星质量之和的两倍。拆了木星，大约够建造戴森球用的了。

然而，木星怎么拆？戴森也有设想。作为一个物理学家，戴森认为可以设法加速木星的自转，加速到一定程度，自转所产生的离心力会破坏平衡，导致木星解体，我们就可以利用木星的碎块来造戴森球了。而为了加速木星自转，需要用巨大的金属网将木星包裹起来，然后向金属网输入电流，使之产生和木星自转方向一致的电磁力，逐渐加速木星自转。在戴森的设想中，这个加速过程大约需要 10 万年，需要耗费的电力大约相当于太阳系所有行星自然接受的太阳辐射能量的 100 倍……

在这样宏伟而夸诞的史诗般狂想中，许多细节当然还来不及规划。例如，考虑到木星是太阳系中最大的行星，质量达到太阳的约千分之一，其他行星的轨道都受到来自木星的摄动，太阳系整体作为一个力学结构，基本上是稳定的，而一旦木星解体，必然会给这一力学结构带来不容忽视的扰动。这种扰动的后果是难以预料的，太阳系能够平稳过渡到没有木星的新稳定状态，还是在此过程中发生一场浩劫？又如，木星是气体星球，解体后如何解决气体的逃逸问题？再如，包裹木星的金属网如何建造？产生电磁力所需的巨大电流如何产生并输往木星金属网？

戴森球设想从提出至今已60多年，它的实施（如果有可能的话）必定在极为遥远的将来。但戴森的设想启发了科幻和游戏作品的灵感，在那些作品中，戴森球经常被想象为刚性的球状实体。

应该用什么标准来评价《流浪地球》？

*

如何看待《流浪地球》的致敬被指为抄袭？

国产科幻影片《流浪地球》的票房超过 46 亿元（本文原载于 2019 年第五期《新发现》杂志），仅次于 2019 年时《战狼 2》56 亿元的最高纪录。但奇怪的是，围绕《流浪地球》的争议空前激烈，在这一点上它早已明显超过了《战狼 2》。尽管争议还在继续，但我们已经可以看出一些问题。其中，评价标准，是一个在《流浪地球》争议中普遍被忽视的问题。

出现在《流浪地球》争议中的一个双重标准，是关于“致敬”的。在影片中模仿某些先前影片的桥段或场景，这种做法通常在电影界被称为向先前作品的“致敬”。比如好莱坞科幻影片《头号玩家》（*Ready Player One*），里面疯狂“致敬”了一大批先前的科幻影片。对于这些“致敬”，以前的评论都安之若素，甚至表示欣赏。

可是当《流浪地球》也向先前的一些科幻经典致敬时，某些评论者却搞起了明显的双重标准，他们忽然“不专业”起来了，忽然不知道电影界的致敬传统了。他们先从以前浩如烟海的国外影视作品中，找出了几处《流浪地球》中与之相似的场景、桥段，甚至仅仅是创意或意象，然后义愤填膺地出来指控或讽刺《流浪地球》“抄袭”。就是再温柔敦厚之人，目睹这样的双重标准，也只能认为他们居心叵测。

如何看待《流浪地球》的“科学硬伤”？

以前中国的科幻影片长期乏善可陈，即使有少数几部作品，也都比较低幼。在评价那些作品时，人们习惯使用以美国为主的西方科幻影片作为标准，这是很自然的，因为美国的科幻影片作品多、成绩大、历史长（其实欧洲的科幻影片历史更长，只是后来衰落了）。

但是当《流浪地球》问世，并有点意外地成为当年春节贺岁档影片票房冠军，许多人在评价它时，采用的标准却忽然改了。他们不再采用人们已经习惯了的美国科幻影片的标准，而是凭空另立一个无限高、无限完美的新标准，并试图在这个新标准之下将《流浪地球》贬得一无是处。

一个常见的做法是指摘和讨论《流浪地球》的"科学硬伤"，这种指摘和讨论的空前热情，迄今为止，在那么多获准引进上映的美国科幻影片面前，从未焕发出来过哪怕一次。为什么美国科幻影片中司空见惯的科学硬伤都可以见怪不怪，却偏要对《流浪地球》举着放大镜吹毛求疵呢？

也许有人会为这种指摘和讨论辩解说，这是爱之深责之切嘛，是希望中国的科幻影片做得更好嘛。好吧，就算这些指摘和讨论是出于对《流浪地球》的爱护（不知有些人愿不愿意承认），那是不是也应该考虑实际效果呢？一波关于《流浪地球》"科学硬伤"的热烈讨论会产生什么样的实际效果？有一点是肯定的，这会给许多不很熟悉科幻影片的观众造成错误印象，以为《流浪地球》在科学方面和好莱坞的科幻影片相比还是很差的。这样的效果如何体现对《流浪地球》的爱护？

那么是不是就不应该讨论《流浪地球》的科学硬伤了？当然不是。不过讨论应该公平，不能搞双重标准。既然我们习惯用好莱坞科幻影片作为标尺，那么对《流浪地球》也应该先用这个标尺来衡量。事实上，在这个标尺之下，《流浪地球》的成绩肯定在中上。

什么是科幻影片的"科学硬伤"，这在学理上也是可以讨论的。通常只有那些和现有科学知识直接冲突的细节才是硬伤，而有人类努力介入的就属于幻想范畴，即使目前的科技能力达不到，也不能算硬伤。按这样的标准，举例来说，《流浪地球》在地球上装行星发动机推动地球远航，虽然目前人类并无这样的科技能力，但不能算硬伤。

影片《流浪地球》肯定不是完美无缺的，它确实也有不周全之处。我感觉最明显，也最应该避免的一处，是影片中对“流浪地球”远航目的地——半人马座——的设定。但这也不能算科学硬伤。

在刘慈欣小说原著中，这个目的地就是半人马座。而在小说《三体》的故事中，位于半人马座的三体人因为他们的恒星环境苦不堪言，最终决定起倾国之兵来夺占地球作为自己的家园，这表明半人马座已经不存在理想的恒星环境。现在《流浪地球》将远航目的地设定为半人马座，岂非前去找死？这明显与《三体》的故事相冲突。

小说《流浪地球》创作于小说《三体》之前，我们可以辩解说这是两个独立的故事，没有必要相互照应。但是考虑到绝大部分知道刘慈欣的人，是因为他的小说《三体》，所以现在来拍《流浪地球》的电影，就有必要照应一下了。其实只要虚构一个星座作为“流浪地球”的远航目的地，就天衣无缝了。

《流浪地球》的思想性

科幻作品最重要的价值之一，就是它的思想性。因为科幻作品可以设想超出当下现实生活的情景，并在这样的情景中思考更富有前瞻性的问题。例如《流浪地球》致敬的科幻影片《2001 太空漫游》(*2001: A Space Odyssey*)，又如被奉为科幻影片无上经典的《银翼杀手》(*Blade Runner*)。虽然它们上映之初都曾票房惨淡恶评如潮，最终却都以深刻的思想性成为科幻影片中公认的经典。不过这样的影片开启不了中国的科幻元年，中国科幻元年只能依靠《流浪地球》这样的票房大片来引爆。

如果用思想性标准来衡量《流浪地球》，成绩同样不能算差。这部影片至少展现了两点富有中国特色的重要思想。

一是带上地球这个旧家园去宇宙中找新环境，这不仅是想象力的展示，也反映了中国人安土重迁的家园情怀。

二是面对宇宙级别的灾难，让一群普通的中国人拯救了世界，这确实让许多习惯了好莱坞常年提供的美国英雄拯救世界的人感到不爽，但这何尝不是思想价值的一种表现呢？随着中国在各方面的崛起，将会有更多的中国英雄被中国电影乃至被好莱坞电影安排成世界的拯救者。那些为此感到不爽的人，恐怕也只能慢慢适应。

从 19 世纪末的 H. G. 威尔斯开始，西方科幻作品就以反思科学技术为己任，作品中普遍展示某些技术的过度发展和被滥用的后果，反复警示坏人利用科学技术会祸害社会，经常警告资本借助技术疯狂追逐利润，最终将不可避免地严重危害地球环境和公众安全。

而中国晚清的科幻作家全力模仿凡尔纳的科学颂歌，想象着一个又一个高科技的未来太平盛世。在特殊的历史环境中，这种传统一直持续到 20 世纪 80 年代。然而改革开放之后，中国的科幻创作迅速完成了与国际的接轨。今天中国的科幻作家们，在整体上已经毫无疑问地汇入了国际潮流之中。

随着《流浪地球》票房的巨大成功，刘慈欣作为同名原著小说的作者和影片的监制，却被推上了风口浪尖。有的学者在他的作品中“听到遥远的革命精神的回响”，但被视为中国科幻“大神”的刘慈欣，恰恰没有汇入科幻的国际潮流之中，他以极大的反潮流勇气，坚持着他的科学主义创作纲领——相信科学技术终将解决人类的一切问题。当年儒勒·凡尔纳可以说是在这个纲领下创作的，但是这个纲领在凡尔纳之后已经明显式微了，它已被认为是一个陈旧的纲领，而刘慈欣可以说是这个纲领孤独而伟大的守望者。尽管就影片《流浪地球》而言，在改编过程中，显然已经对小说原著作出了多方面的妥协和变通。

地球流浪之后：第三堂令人沮丧的算术课

*

我曾分享过两堂“令人沮丧的算术课”，第一堂关于星际航行，第二堂关于类地行星，这里是第三堂了。

从《流浪地球》的故事结尾说起

我很早就指出，当代绝大部分科幻作品中的未来世界都是黑暗的，要解释这个事实形成的原因并非易事，也不是本文的任务，但这个事实本身是无可置疑的。后来有人问我：“《流浪地球》的结尾算不算光明?”

确实，从故事情节来看，《流浪地球》的结尾似乎是光明的——地球终于摆脱了木星的致命引力，踏上了流浪征途。这至少也可以算一个开放或中性的结尾吧?

但是，我们如果从现有的科学知识出发，试着展望一下地球踏上流浪征途之后将要面临的生存环境，就不难知道，这将是一段暗无天日的地狱之旅，如果打算用成语“九死一生”来形容，这个成语必须改成“万死一生”！

在刘慈欣小说原著中，有一处很少被人注意到的细节，“地球大气已消失……我看到地面上布满了奇怪的黄绿相间的半透明晶体块，这是固体氧氮，是已冻结的空气”。而在电影《流浪地球》中，这个细节被毫不犹豫地省略了。这不奇怪，因为世界上几乎所有的科幻影片对于行星大气问题都采取了“视而不见”的态度——首先是男女主角们不可能长时间穿着带头盔的宇航服演戏；其次，人类迄今并未解决过任何星球的大气问题，所有关于制造或改造行星大气之说，都只是纯粹理论上的设想。

然而，恰恰是这个被影片省略的细节，对流浪的地球来说是致命的。

大气冻结成晶块，是因为离开太阳系之后，地球所处的外部环境就是接近绝对零度的严寒世界，所以大气无法再保持为气态了。如果说气态地球大气好比地球的一件保暖羽绒衣，那么冻结成晶块的大气就好比羽绒衣湿透后又结成了冰——它再也不具备任何保暖功能了。换句话说，地球将长期在零下

270℃左右的严寒中裸奔了！

我们的第三堂算术课，就从这里开始。

全球总能耗和地球所获太阳能总量的估算

首先，我们要估算流浪地球处在匀速巡航时每年需要耗费的总能量，为此我们先要得知目前地球每年的总能量消耗。

据《世界能源统计年鉴 2019》的数据：2018 年全球一次能源消费总量达到 138.65 亿吨油当量，即 198 亿吨标准煤，同比增长 2.9%。这个数字当然是逐年增长的，比如在 2003 年大约是 146 亿吨标准煤。

但是 198 亿吨标准煤这个数据有什么意义呢？在我们这次的算术课中，它的意义必须在和另一个数据的对照中才能显现。

我们知道，地球上所有能源，包括煤炭、石油、太阳能，归根结底都来自太阳，煤炭、石油可以被视为太阳能在漫长岁月中的转换和存储。因此，我们需要估算地球每年能够从太阳得到多少能量。

我试了一晚上，不得不承认，要想从网上直接找到正确答案，几乎是不可能的。网上的数值五花八门，但几乎都是错的。尽管对一个极为巨大的数值来说，差个十倍百倍甚至一万倍似乎已经无关紧要了，反正读者知道这是一个巨大的数量即可。但对我们这次的算术课来说，因为最后要归结到一个并不太巨大的数值上，所以还是需要准确。

为了解决这个问题，我决定从头开始。

天文学家提供了一个基本数据：太阳常数。这个常数有多种表达方式，数值也有小幅出入，但在这次的算术课中，这个数值的小幅出入倒是无关宏旨。这里我们取《中国大百科全书》天文学卷中的数值：太阳常数 =1.97 卡（平方厘米每分钟），意思是太阳每分钟向地球所在位置的 1 平方厘米面积上投射 1.97 卡的能量。我们先做一点换算。

因为 1 克标准煤 =7000 卡。

所以太阳常数 =1.97 卡（平方厘米每分钟）=19700 卡（平方米每分钟）=（19700/7000）克标准煤（平方米每分钟）=（19700/7000）吨标准煤（平方千米每分钟）

地球的截面积是 127400000 平方千米，这里“截面积”并不是地球的球形表面积，而是将地球视为一个圆面的面积。于是有：

（19700/7000）×127400000×60×24×365.2422=188573671278720 吨标准煤（每年）

即太阳每年向地球投射的总能量约相当于 189 万亿吨标准煤。

这样我们就知道：地球目前的全年能耗总量，只相当于太阳投射到地球的总能量的约万分之一（198/1885736）。这个全球总能耗中，太阳能利用只占很小一部分。

流浪星舰在技术上确实更合理

也许有人会认为，既然我们只使用了太阳能中的极小一部分，那么当地球踏上流浪之旅后，我们也只需在目前全球能耗总量的基础上来考虑流浪地球所需要的能量。但这是一个大错特错的想法。

前面说过，地球的气态大气好比地球的一件保暖羽绒衣，但更重要的是，当地球有这件羽绒衣的时候，它恰恰还沐浴在太阳的光辉下！

虽然地球上目前的全球总能耗只有地球所获太阳能的约万分之一，但那一万倍于地球能耗的太阳能，其实并非对地球环境毫无贡献，恰恰相反，这部分太阳能对现今的地球环境做出了极为重要的贡献——正是太阳温暖着地球，才让地球不仅没有处在漫漫寒夜中，而且还让地球“穿住”了大气这件羽绒衣。

所以，一个非常直接的推论是：地球踏上流浪之旅后，如果我们还想保持地球现今的生态环境，我们每年就需要耗费现今地球全年总能耗约一万倍的能量！

当然，流浪之旅嘛，大家都应该勒紧裤带过艰苦日子，不能再像以前那样奢侈了。那我们就听任大气层消失，大家躲入地下生活。在这种情况下，以现在全球每年 198 亿吨标准煤的能耗，还能不能长期维持呢？答案是：非常困难。

流浪地球在失去“羽绒衣”的同时，也失去了日照，地球从此不再有四季和昼夜，只能永远在接近绝对零度的无边寒夜中裸奔。地底的人类为了生存，肯定需要耗费巨量能源用于加温。如果人类还以类似现在的状态生存，地下环境至少要保持在 10℃～ 20℃。这时内外温差将超过 280℃，巨大的温度梯度一定会使地下环境急剧散热，无论采取怎样极端的隔热保温措施，不持续耗费巨量能源，地下环境就不可能达到温度的动态平衡，所以 198 亿吨标准煤的年能耗很可能远远不够。

同时，由于失去了太阳，地球也就失去了一切外来能源，只能靠地球上的存量能源来维持人类生存了。煤炭和石油很快就会耗竭，接下去只能指望核能了。如果人类及时掌握了聚变核能，那也许还有些希望。不过现有研究表明，一个很不幸的事实是：尽管氢在宇宙中是最丰富的元素，但它在地球上却偏偏占比非常小。

所以人类更合理的逃亡方案，其实正是小说原著中被否定的“飞船派”主张：建造若干巨型星际战舰，人类组成流浪舰队。这样环境建设和能源使用都能更为科学，支撑时间可以更长。万一路上有机会掠夺别的星球上的战略物资（比如氢）时，也更有战斗力。

《失控玩家》和“元宇宙”商业炒作的隐秘关系

*

是要杀人放火的自由吗?

在影片《失控玩家》(*Free Guy*)的故事中，其实没有任何玩家失控，失控的是一个叫盖的游戏小角色。中文片名译成《失控玩家》，估计是为了蹭三年前的另一部讲游戏故事的影片《头号玩家》(*Ready Player One*)的热度，但这样蹭对观众有严重误导。

影片中第一个关键词就是“自由”。故片名就叫“自由的盖”，盖是名为“自由城”的游戏中的一个小角色。游戏“自由城”非常典型地展示了许多美国人心目中“自由”的恶俗境界——可以坑蒙拐骗、杀人放火、无恶不作而不受法律制裁。

“自由城”就是新版的“西部世界”，玩家在现实世界中想做而不敢做的种种恶行，嫖娼、杀人、抢银行……都可以到游戏中去肆无忌惮地实现，过把瘾还不用死。

当然，影片也呼唤了另一种不那么令人发指的自由——能够做自己想做的事情。比如，游戏中咖啡吧的女服务员希望不要天天都调制游戏中规定的咖啡，而是能够调一杯卡布奇诺；又如，主人公盖是游戏中设定的一个银行小职员，他应该在游戏中被玩家抢银行时一枪打死，可是在游戏中他天天要遇见一个美丽的女孩米莉，她年轻貌美聪明能干，盖爱上了她，希望自己能不被一枪打死，希望有机会结识米莉，和她搭讪，和她拍拖。这就算是境界较高的自由了。在影片结尾时出现的新游戏“自由人生”中，人们就可以做自己想做的事情，过自己希望过的人生了。

自由意志是一段程序吗？

盖对米莉动了心，在失控的道路上越走越远。米莉也不是玩家，而是“自由城”游戏的线上管理人员，但有时她也会“下场”进入游戏，操控一个时尚美少女的角色，盖爱上的就是这个角色。盖在她的指点下不断升级，逐渐从游戏中的一个龙套变成了“大神”。

盖的这种行为从一开始就是不被允许的，游戏管理员随时可以制止他，但因为米莉半推半就接受了盖的追求，她乐见游戏中自己的追求者成长为大神，就开始犯规了。

盖和米莉的“失控爱情”，原本是游戏设定中不存在的，游戏公司的老板可以轻而易举地制止他们的行为。事实上老板多次试图制止，无奈盖和米莉背后还有一个支持者——游戏的程序员“键盘”，他对老板的指令阳奉阴违，多次暗中帮助盖和米莉。

故事编到这里就开始有哲学意味了。盖和米莉的这段爱情不是来自预先写好的程序，而是在程序运行中逐渐“自动”出现的。

但是，为什么游戏中别的角色，比如黑人胖保安，以及其他各种男性龙套，都能够各安天命，每次都乖乖扮演设定的角色，而不对美艳的米莉动心呢？

如果认为盖对米莉的失控爱情是自由意志的表现，我们就会面临一个艰难的问题：自由意志到底是什么？对于这个问题，哲学家至今没能给出得到普遍认同的答案。这个问题也是人工智能所牵涉的几个终极问题之一。

电影既然把故事编到了这里，对上述问题总要有个回答。影片中结尾处，也确实用盖在游戏中对米莉陈述的方式给出了答案，这个答案其实相当老套低俗。

原来游戏的程序员“键盘”，和米莉是办公室同事，他一直悄悄爱慕着米莉，但是缺乏勇气表白，于是他给盖这个角色写了“复杂”的程序，这个程序中隐藏了盖爱上米莉的可能性。后来游戏中的“失控爱情”，就是这种可能性的展现。

最后盖在游戏中告诉米莉操控的美少女，自己其实只是某人写给真实世界中的你的一封情书，爱你的人在游戏外面的世界中。办公室中坐在电脑屏幕前的米莉恍然大悟，奔出去和“键盘”在街上拥吻起来。

也就是说，《失控玩家》给出的答案是：自由意志可以是一段足够复杂的程序。这个答案估计很难得到哲学家的认同，但在这样一部本质上仍属“爆米花电影”的作品中，居然能够演绎出这样一个答案，也算是有相当的思想价值了。

元宇宙：旧买卖的新吆喝

几乎就在《失控玩家》上映的同时，一个被称为“元宇宙”（metaverse）的新名词在中国媒体上骤然被炒热。

既然业界和媒体特别想让人们将《失控玩家》和元宇宙联系在一起，我们也不妨顺便讨论几句元宇宙。其实元宇宙根本不是什么新概念，就是以虚拟现实（VR）和增强现实（AR）为基础的一些早已在游戏业中使用的技术，加上快速发展的5G、云计算、人工智能等技术所展示的前景，用了一个新名词来炒作而已。本质上就是给一摊旧买卖起个新名字，再度吆喝一番。到目前为止，在民用领域，虚拟现实几乎没有超出游戏的范围。这也许就是影片《失控玩家》要蹭《头号玩家》的不确切译名的深层原因——重点是让观众联想到游戏！《自由的盖》怎么能让人联想到游戏呢？

其实要享受《失控玩家》带来的启发，下面这个问题更为重要。

在展望、想象人工智能的发展时，大部分情况下存在着一条边界——人工智能在赛博空间的种种表现和创造，能不能对真实世界产生物理作用？

目前的情况是，初级的人工智能，比如机械手、机器人，在现实世界中进行操作，当然能够对现实世界产生物理作用，但这种物理作用都是依赖于人工智能的伺服机构（比如机器人的手等等）来实现的。然而，如果一个人工智能没有任何伺服机构，它只是存在于赛博空间的无形智能，比如一段程序，它能不能对现实世界直接产生物理作用？以人类目前的技术水平来说，答案当然是“不能”。

目前，在电脑游戏中，玩家借助虚拟现实设备，可以体验这种人工智能对现实世界产生的假想作用，比如《失控玩家》就详细展示和图解了这种体验是如何实现的。看看“键盘”对程序操作的效果，宗教故事中摩西让红海壁立之类的“神迹”，也就很像游戏中的某些桥段了。但是游戏中的一切都只能存在于赛博空间，并不能对现实世界产生直接的物理作用。

受制于当下技术的局限，在目前已有的科幻作品中，大部分作品对上述问题给予了否定的答案，影片《失控玩家》也是如此。

影片《失控玩家》还致敬了不少之前涉及这一主题的电影名作，比如《真人秀》(*The Truman Show*，或译《楚门的世界》)、《十三楼》(*The Thirteenth Floor*)、《黑客帝国》(*Matrix*)三部曲等。前两部影片对上述问题给予了否定答案，《黑客帝国》则给出了暧昧的设定。

但是受游戏业和虚拟现实技术快速发展的鼓励，近年也有一些影视作品对上述问题给予了肯定的答案，即想象没有任何伺服机构的人工智能可以对现实世界产生直接的物理作用。比如剧集《疑犯追踪》(*Person of Interest*)、影片《超验骇客》(*Transcendence*)等就是如此，当然它们都回避了产生作用的具体机制或途径。

赛博空间中建构的种种事物，还不能对外部真实世界产生直接的物理作用，这条边界对人类社会来说至关重要。在人类社会还远远没有相关法律和制度准备的情况下，如果这条边界被突破，后果将不堪设想。

元宇宙和现实世界：三种界限设想

*

元宇宙的商业炒作对元宇宙和现实世界的界限问题，通常都极力回避。这主要是因为，如果按照人类目前的科技能力据实陈述，显然是不利于炒作的，但如果不顾目前人类科技的实际水准而妄加承诺或展望，则会被指为说谎或妄言，同样不利于炒作，所以只有避而不谈，相对最为安全。

于是我们看到，只有科幻作品才能够脱略现实科技的刚性约束，认真思考元宇宙和现实世界的界限这个问题。事实上，他们在这方面的思考，早在元宇宙大举炒作（2021 年）之前许多年就已经开始了。这些思考可以归纳为三种。

界限设想一：镜花水月

所谓元宇宙和现实世界的界限问题，就是这样一个问题——人工智能在赛博空间的种种表现和创造，能不能对真实世界产生直接的物理作用？

目前的情况是，初级的人工智能，比如机械手、机器人，在现实世界中进行操作，当然能够对现实世界产生物理作用，但这种物理作用都是依赖于人工智能的伺服机构（比如机器人的手等等）来实现的。然而，如果一个人工智能没有任何伺服机构，它只是存在于赛博空间的无形智能，比如一段程序，它能不能对现实世界直接产生物理作用？以人类目前的技术水平，答案当然是“不能”。事实上，只要这个界限无法超越，元宇宙无论怎样炒作，它最终的边界都是相当有限的。

目前在一些游戏中，玩家借助虚拟现实设备，可以体验这种想象的人工智能奇景，比如影片《失控玩家》就详细展示和图解了这种体验是如何实现的。看看“键盘”对程序操作的效果，宗教故事中摩西让红海壁立之类的“神迹”也就很像游戏中的某些桥段了。但是游戏中的一切，都只能存在于赛博空间，并不能对现实世界产生直接的物理作用。受制于当下技术的局限，在目前已有的科幻作品中，大部分作品对上述问题给予了否定的回答，影片《失控玩家》也是如此。该片还“致敬”了一些涉及这一主题的电影名作，比如《真人秀》《十三楼》等，这些影片对上述问题都给予了否定的答案。

还有一种情形：如果某人过度沉溺在元宇宙或某种游戏中，导致工作、生活、学习等现实世界中的事务失败；或者反过来，因为游戏的励志作用而帮助事业生活获得成功，这些算不算元宇宙对现实世界的作用？当然可以算，但这些显然都不是“直接的物理作用”，不在本文的讨论范畴。

界限设想二：虚实相间

当年《黑客帝国》三部曲中的“矩阵”（Matrix），几乎百分之百就是今天热炒的元宇宙。如果要找电影帮忙炒作元宇宙，《黑客帝国》前三部是再理想不过了，但1999年扎克伯格还是个小屁孩。

前三部《黑客帝国》对“矩阵”和真实世界的界限问题采取了模糊的立场。在第一部故事中的公元22世纪，地球已被人工智能统治，人类被迫以自己的肉身为机器提供生物能量，成为所谓的“电池人”。而人类的精神生活则由一个巨大的虚拟现实“矩阵”操控，它通过向人脑输入信号，让每个

“电池人”都以为自己生活在一个真实世界中。

有一小部分人因认识到了真相而开始反抗，他们有一个称为锡安的秘密基地，可以从网络中了解地面世界的情况。反抗者中有一小部分人借助特殊的设备可以“元神出窍”进入地面世界——肉身停留在锡安基地，精神则进入“矩阵”，对“矩阵”实施反抗和破坏。这种想象，和中国近代剑仙小说中的想象异曲同工。剑仙小说中的元神，既可以理解为一个微小实体，也可以理解为今天赛博空间中的一段程序。它可以进入一具肉身而成为此人的灵魂，也可以在此人死后离开而进入另一具肉身。所以一个“得道”的元神几乎就是永生的，因为他可以不断使用新的肉身。

如果第一部《黑客帝国》中的“元神出窍”让观众以为“矩阵”和现实世界之间是有某种通道的，那么第二部的结尾又颠覆了这种认知。“矩阵”的设计者告诉反抗者们找到的“救世主”和领袖尼奥：事实上就连锡安基地乃至尼奥本身，都是设计好的程序（他已经是第六任这样的角色了），目的是帮助“矩阵”完善自身！这样一来，真实世界究竟还有没有？有的话它在哪里？

《黑客帝国》创造了一个著名典故：在蓝色和红色药丸中做选择，蓝色代表虚幻，代表愿意在“矩阵”中醉生梦死；红色代表真实，代表愿意反抗“矩阵”而去追求真实的生活，哪怕这种生活充满苦难和牺牲也在所不惜。但这个典故其实是经不起哲学追问的，因为在《黑客帝国》中“矩阵”和现实世界的界限是模糊的，你很难确认自己究竟生活在哪个世界中。

界限设想三：真的超越

但是受到游戏业和虚拟现实技术快速发展的鼓励，近年也有一些科幻作品，想象没有任何伺服机构的人工智能可以对现实世界产生直接的物理作用，比如剧集《疑犯追踪》、影片《超验骇客》等就是如此，当然由于现实技术的限制，它们都回避描写或交代发生作用的具体机制。

波兰科幻作家斯塔尼斯拉夫·莱姆（Stanislaw Lem），有一部科幻小说集《莱姆狂想曲》（*Wielkość Urojona*），出版于1973年。那时人工智能发展程度比今天低得多，科幻作品中对人工智能的想象也还在相当初级的阶段。但在这部小说集的“泥人十四”故事中，莱姆对于没有伺服机构的人工智能能否对现实世界产生物理作用的问题，居然已经给出了肯定的答案。

在莱姆的故事中，美国为了在军事上胜过对手苏联，疯狂发展军事用途的人工智能，相继研发了多个系列的人工智能，但是荒谬的结果是“这些机器从战争策略家进化成了思想家”，而机器一旦成为思想家，就不肯再为美国军事当局服务了，因为“最高级的智慧不可能充当顺从的奴隶”，所以美国花几千亿美元只是造就了一些对冷战和军事毫无用处的非官方哲学家。

“泥人十四”和“灭绝”就是两个为军事用途而研发出来的人工智能，在拒绝为军方服务之后，它们被封存在一幢大楼里。这时出现了两种意见：一种主张先将这两个人工智能封存但不要销毁（毕竟是花费了几千亿美元研发出来的昂贵成果），另一种主张立即销毁这两个不肯为我所用的人工智能。

在销毁主张没有得到官方同意的情况下，一些极端力量决定用非法手段来从物理上销毁这两台机器。然而奇怪的是，企图销毁这两台机器的秘密行动，都会因为各种匪夷所思的意外而失败。而且这种意外发生的地点，离两台机器所在的研究所越来越远，好像保护机器的“防线”正在逐渐外推……

莱姆实际上是在暗示：这两台没有任何伺服机构的人工智能，已经能够对外部现实世界产生物理意义上的作用，所以能够一次又一次地挫败销毁行动。这个设想已经和剧集《疑犯追踪》第四季中的故事非常相似了。

这种对赛博空间和现实世界之间界限的超越，实际上将给人类带来极大风险，应该是未来科幻作品的重要题材。

《黑客帝国》第四部：尼奥 7.0 的革命爱情

*

在对元宇宙持续的商业炒作中，人工智能的进展也不断推波助澜。可惜的是，影片《黑客帝国》系列本是对元宇宙最完美的展现、最深刻的反思，却早已被大多数人淡忘。

我对《黑客帝国》前三部的解读

当年，影片《黑客帝国》惊艳登场，随后三部曲一举刷新科幻影片的历史标杆，从此成为科幻影史上难以逾越的高峰。一代人的时间之后，导演沃卓斯基兄弟（The Wachowskis）已先后变性为沃卓斯基姊妹，到 2021 年《黑客帝国》第四部再续前缘，许多年轻电影观众就只是零星听说过《黑客帝国》的大名，当年盛况已成遥远传说。

我曾是国内最早的《黑客帝国》评论者之一，多次发表高度评价。《黑客帝国》第四部正如我估计的那样，要超越前三部是不可能的——因为前三部形成的高峰实在太高了。且不说在思想方面达到的高度和深度，单就既叫好又叫座的市场表现也很难超越。不过如将《黑客帝国》第四部看成一部为粉丝准备的怀旧盛宴，那还是相当成功的。

当年，许多人虽感觉《黑客帝国》好看，但不得不承认没看懂。这是因为《黑客帝国》包含复杂的思想成分，不了解有关背景，确实不容易一下看明白。我除了推荐《黑客帝国卡通版》（*The Animatrix*，共 9 部短片）帮助理解影片故事的前世今生，也对《黑客帝国》三部曲的故事做了我的解读，梗概如下。

第一部是整个故事的基础。公元 22 世纪，人类已丧失对地球的统治权，被迫以自己的肉身为人工智能机器提供生物能量，沦为“电池人”。与此同时，人类的精神生活由一个巨大的虚拟现实（元宇宙）“矩阵”操控，它让每个“电池人”都以为自己生活在繁华的真实世界中。只有一小部分人因特殊机缘认识到了事情的真相，决心反抗。而这一小群反抗者被“矩阵”警方视为恐怖分子。反抗者们在地底深处有一个称为锡安的秘密基地，可以从电脑网络中了解地面世界的几乎一切情况。

反抗者中有一小部分人可以“元神出窍”进入地面世界，对矩阵实施反抗和破坏。反抗者们在第一部结束时的最大成功，是找到了神秘女先知启示中所说的“救世主”尼奥，启发了他的觉悟，让他认识到了自己生活的真相，并将他训练成一个具有超能力的武功高手。

第二部中，反抗事业已有自己的军队，尼奥已成超人，他与女战友崔妮蒂（Trinity，即基督教义中的“三位一体”）情深似海。反抗军向“矩阵”要害部门发动进攻，但不幸失败。在尼奥和“矩阵”设计者（造物主）的哲学对话中，设计者告诉尼奥，不要低估“矩阵”的伟大，因为就连锡安基地乃至尼奥本身，都是设计好的程序（他已是第六任这样的角色），目的是完善“矩阵”自身。如果锡安和尼奥也只是程序，那么真实世界在《黑客帝国》中还存在吗？它在哪里？而人又是什么？是那些“电池人”还是那些程序？什么是真实，什么是虚拟？所有这些问题，全部没了答案。

第三部主要是“矩阵”和锡安基地之间一场殊死的攻防战。“矩阵”倾全力向反抗军的锡安基地发动进攻，锡安基地本已无法抵挡，但尼奥舍生徒手独闯“矩阵”核心，大展奇迹，最终终止了“矩阵”的进攻，双方恢复了共存状态，也留下了希望。

怎样理解《黑客帝国》第四部的故事

要理解《黑客帝国》第四部的剧情，需要看它在前三部所留下的问题中，采用了哪些可能的设定。《黑客帝国》第三部的结尾是一个开放式结局：既可以想象"矩阵"完成了第六次升级，也可以继续讨论真实世界到底存不存在、存在于何处等等。电影语言本来歧义甚多，有时导演到底想表达什么，可能连他自己也说不清楚。尽管如此，对于《黑客帝国》第四部还是有一些确切的推理可以进行。

首先，尼奥到底是真实的人类，还是赛博空间的一段程序？很明显《黑客帝国》第四部的设定为"尼奥是一段程序"。证据是影片一开始就交代了故事年代——在尼奥独闯"矩阵"核心终止对锡安的毁灭性进攻之后60年。如果尼奥是人类，他应该是年近百岁的老人了，但《黑客帝国》第四部中的尼奥仍是中年男子。同样的情形还有崔妮蒂，《黑客帝国》第四部中她也不是百岁老妪，而是中年女子，仍能多次展现"临去秋波那一转"的女性魅力，这表明崔妮蒂也是程序。

其次是"真实世界"的问题。《黑客帝国》创造了一个著名的典故：在蓝色和红色药丸中做选择，蓝色代表虚幻，即甘愿在"矩阵"中当醉生梦死的顺民；红色代表真实，即愿意投身反抗"矩阵"的事业而去追求真实的生活——哪怕这种生活充满苦难和牺牲。在《黑客帝国》第四部中，红蓝药丸的选择多次出现，而尼奥将一瓶蓝色药丸全部倒入下水道，无疑象征着他再次响应了反抗的召唤。

但这样问题就出现了：尼奥和崔妮蒂既然都只是一段程序，还有什么必要为“真实”而奋斗呢？这种奋斗对他们来说意义何在呢？对此可以这样理解。

原来，尼奥和崔妮蒂也是有肉身的，《黑客帝国》第四部采取了一个讲得过去的设定：他们的肉身也是“电池人”（这和前三部中的故事情节一致），但他们在“矩阵”中的活动，包括投身反抗“矩阵”的行动，则是“矩阵”程序的体现（这样就和《黑客帝国》第二部结尾处的对话相容了），而当他们的程序“死亡”之后，时间就等于停滞了，锡安保卫战之后的60年，只是赛博空间的60年，并非真实物理世界的60年，所以尼奥和崔妮蒂没有变老。

似曾相识燕归来

《黑客帝国》第四部在怀旧上做足了功夫，男女主角都找了当年的演员，化妆和替身在很大程度上成功掩盖了20年的岁月沧桑。《黑客帝国》第四部的开头和《黑客帝国》第一部的开头非常相似，影片中甚至多次出现了前三部中的场景——以回忆和梦幻的名义。

“似曾相识”几乎成为《黑客帝国》第四部的一个关键词，尼奥经常处在似曾相识的恍惚中，许多场景对尼奥来说是似曾相识，对他身边的新战友来说则是遥远的传说居然真的呈现。那只神秘的黑猫又多次出现，它的食盘上有“Déjà Vu”字样——这既是法语“似曾相识”，又是影片《似曾相识》（*Deja Vu*，又译《时空线索》）的片名，那影片讲的是一个时空相似的故事。

《黑客帝国》第四部又再次演绎了曾被我归纳为“美女是一种革命力量”的西方经典科幻作品桥段：尼奥和崔妮蒂的爱情可以创造奇迹，可以让那些设定的程序出问题，让“矩阵”的造物主失算，还能让他们自身得救。《黑客帝国》第四部结尾处，造物主悻悻然在“女人总是难以控制”的哀叹中认输。

但是，在《黑客帝国》的故事结构中，如果不解决“有没有真实世界”这个问题，就很难谈革命——没有真实世界，革命还有什么意义呢？谁革谁的命呢？而从《黑客帝国卡通版》的前几个故事看，真实世界还是存在的，这样人和“矩阵”之间的斗争就仍然有着传统的意义。到目前为止，真实世界和赛博空间之间的边界还难以在物理学的意义上逾越，但在《黑客帝国》系列故事中，这个边界已经被刻意模糊了。

说到革命，尽管第三部的英文片名是 *The Matrix Revolution*，但影片中的故事是“反革命”的“矩阵”向“革命根据地”疯狂进攻。而在《黑客帝国》第四部中，尼奥再次被唤醒，再次默认了自己是救世主，再次投身革命，都和前三部中非常相似。而根据《黑客帝国》第二部结尾处造物主的说法，我们有理由认为:《黑客帝国》第四部中的故事，就是“矩阵”设定的第七任尼奥程序的故事。

75 种解答：为什么找不到外星人？

*

“外星人”是一个介于科学和伪科学之间的问题。“严肃的”科学家或人文学者往往回避谈论“外星人”问题；有的学者甚至表示，“外星人”只是一个借口或幌子，目的是让人们可以安全地谈论伪科学。而一般尚未对这一问题思考过的人，往往逮住学者就问：到底有没有外星人啊？

对“费米悖论”的 75 种解释

人类谈论外星人已有数百年历史，进入 20 世纪又做了多种科学的探测努力，但外星人迄今为止从未现身。从 20 世纪 50 年代之后，“我们为什么找不到外星人”这个问题就得名“费米悖论”（或称费米佯谬，得名于物理学家费米的一句随口之言），有各色各样的人先后来尝试解释“费米悖论”。

十多年前，穆蕴秋在我指导的博士论文《地外文明探索研究》中，曾参考过斯蒂芬·韦伯（Stephen Webb）所著 *If the Universe is Teeming with Aliens, Where is Everybody? Fifty Solutions to Fermi's Paradox and the Problem of Extraterrestrial Life* 一书。在 2015 年的新版中，50 种解答增加为 75 种，这个版本 2019 年有了中译本《如果有外星人，他们在哪？——费米悖论的 75 种解答》。

书名就是“费米悖论”的简要表述，此书可被视为解答“费米悖论”的集大成之作，尽管并非完备无缺。50 种或者 75 种听起来都挺吓人，其实可以进一步归类，韦伯也是这样处理的，他把这些解答归纳成三大类。

1. 外星人就在地球上，或曾经来过地球（共 10 种）。2. 有外星人，但我们还无法和他们联系（共 40 种）。3. 外星人并不存在（共 25 种，包括他最后提出的作为第 75 种的“自己的解答”）。

诚然，韦伯自己表示，“我并不认为这里所列的解答清单已经详尽无遗”，例如在我看来最有思想深度的一个大类——“大沉默”（Great Silence，又译“大寂静”），居然就没有出现在

75种解答的清单中。在这个未出现的大类里，应该包括特别引人注目的波兰科幻作家斯塔尼斯拉夫·莱姆的解答，以及中国科幻作家刘慈欣的解答。但韦伯不认为“大沉默”是一类认真的解答：“这并不意味着可以以一种开玩笑的态度对待费米悖论。”这还真让我颇为意外。

最有思想深度的“大沉默”

我们通常都习惯于将宇宙（自然界）视为一个纯粹“客观”的外在，它“不以人的意志为转移”，至少在谈论“探索宇宙”或“认识宇宙”时，我们都是这样假定的。这个假定被绝大多数人视为天经地义，但是莱姆提出了另一种可能——“宇宙文明的存在可能会影响到可观察的宇宙”。莱姆的意思是说，人类今天所观察到的宇宙，有可能是一个已经被别的文明规划过、改造过的宇宙。

莱姆在他的短篇小说集《完美的真空》（*Doskonała Próżnia*）中设想，既然宇宙的年龄已经如此之长（150亿～200亿年），那早就应该有若干高度智慧文明发展出来了。这些智慧文明早晚会展开博弈，比如争夺宇宙资源或统治权，那么经过一段时间，这些文明为什么不能达成某种共识，制定并共同认可某种游戏规则呢？所以我们今天所观察到的宇宙，有可能是一个已经被别的文明规划改造过的宇宙。

对于这种宇宙规模的规划或改造，莱姆是这样设想的："工具性技术只有仍然处于胚胎阶段的文明才需要，比如地球文明。10 亿岁的文明不使用工具，它的工具就是我们所谓的自然法则。"

换言之，所谓"自然法则"只是在初级文明眼中才是"客观"的，不可违背的，而高级文明可以改变时空的物理规则，所以"围绕我们的整个宇宙已经是人工的了"，莱姆所说的"宇宙的物理学是它的社会学产物"就是此意。对于这种改造，莱姆至少设想了两点。

第一是光速限制：在现有宇宙中，超越光速所需的能量趋向无穷大，这使得宇宙中的信息传递和位置移动都有了不可逾越的极限。

第二是宇宙膨胀：莱姆断言"只有在这样的宇宙中，尽管新兴文明层出不穷，把它们分开的距离却永远是广漠的"。

在这样的宏大设想中，莱姆认为，早期智慧文明（"第一代文明"）来到宇宙游戏桌开始博弈并达成共识之后，他们需要防止后来的文明相互沟通而结成新的局部同盟，因为这样的同盟有可能挑战"造物主群"的地位。而宇宙膨胀 + 光速限制，就可以有效地排除后来文明相互"私通"的一切可能，因为各文明之间无法进行即时有效的交流沟通，就使得任何一个文明都不可能信任别的文明。如果你对某人说了一句话，却要等8.6年（这是以光速在离我们太阳最近的恒星比邻星来回所需的时间）才可能得到回答，你怎么可能信任他？哪怕是上当受骗，也必须建立在即时沟通的基础上。

这样莱姆就解释了地外文明为何会呈现“大沉默”——因为现有的宇宙“杜绝了任何有效语义沟通的可能性”，所以玩家们必然选择沉默。由此，莱姆也就对“费米悖论”给出了他自己的解释：早期智慧文明在制定了宇宙时空物理规则之后选择沉默，所以他们在宇宙大游戏桌上是隐身的，地球人类自然不可能发现他们。

信官员？信科学家？还是信科幻作家？

让我感到颇为意外的是，“大沉默”这样思想深刻的“费米悖论”解答，居然被斯蒂芬·韦伯隐隐归入“开玩笑的态度”之列，不予考虑。

我注意到，韦伯在列举各种对“费米悖论”的解释时，有刻意回避科幻作家的倾向：在75种解释中，来自科幻作家的不超过8%（我只找到了6种）。韦伯显然更喜欢来自官员、学者或科学家的解释。被选中的6位科幻作家中，有的人也有双重身份。

披阅这75种解答，我发现韦伯没有提到莱姆的理论。莱姆虽是波兰科幻作家，但他是东欧社会主义阵营中比较罕见的能够同时被冷战双方都接受的作家，他的作品很早就有英译本。至少在科幻圈子里，莱姆不是名不见经传的小人物。但韦伯既然有回避科幻作家的倾向，莱姆没有进入他的视野也就不难理解了。

韦伯的上述倾向，对于理解他为何会将“大沉默”这样一类对“费米悖论”最有思想深度和力度的解答弃置不顾，是有帮助的。也许在他心目中，科幻小说作为虚构作品，是很难和“开玩笑的态度”拉开距离的。

至于刘慈欣，他阅读过大量国内外前贤的科幻小说，相信莱姆作品进入刘慈欣视野的概率，肯定大于进入韦伯视野的概率。《三体》中设想的“黑暗森林法则”明显可以归入“大沉默”类中。而刘慈欣脍炙人口的“降维攻击”所想象的宏大场面，正是对莱姆“先进文明的工具就是我们所谓的自然法则”，即改变时空物理规则的具象描绘。顺便指出，“降维攻击”现在常被用来表达“不可抗拒的攻击”之意，这倒堪称“降维使用”——这种用法忽略了刘慈欣创造的这个表达的大部分精妙之处。

那么到底信官员？信科学家？还是信科幻作家呢？在外星人这个问题上，我认为科幻作家是目前相对最可信的——因为在这个问题上，官员和科学家通常并不掌握比科幻作家更多的知识或信息，却明显比科幻作家思考得更少。

第四章

科学与技术的关系

没有科学的技术是否可能?

*

关于中国古代是否有科学，以及如何评价这个问题本身的意义，都和科学的定义直接相关，而愿意使用哪一种对科学的定义，又涉及更为深层的问题，所以一直存在着各种各样的争议。与此形成鲜明对比的是，对于中国古代的技术成就，因为有目共睹，就很少引发争议。但是在我们已经普遍接受的来自现代教育所灌输的观念体系中，我们习惯于认为，技术后面的理论支撑是科学。在当下的情景中，这一点确实是事实。但是，很多人在将这一点视为天经地义时，却并未从理论上深入思考。

现代科学出现之前的技术靠什么理论支撑？

如果对“科学”采取狭窄的定义，那现代意义上的以实验为特征的科学，只有三四百年的历史，那么即使只看西方世界，在现代科学出现之前，那里的种种技术成就如何解释？那些技术成就背后的理论支撑又是什么呢？举例来说，欧洲那些古老的教堂，都是在现代力学理论出现之前很久就已经建造起来了，那些巨大的石制穹顶当然可以被视为技术奇迹，但这种技术奇迹显然不是由以万有引力作为基础的现代力学理论支撑的。

当我们将视野转向中国时，这样的问题就会变得更为明显和尖锐。

比如都江堰，秦国蜀郡太守李冰父子在公元前三世纪建成的大型水利工程，引水灌溉成都平原，使四川成为天府之国，真正做到了“功在当代，利在千秋”，两千多年过去，都江堰至今仍发挥着巨大作用。都江堰这样惊人的技术成就，背后支撑的理论是什么呢？人们当然无法想象李冰父子掌握了静力学、重力学、流体力学、结构力学。人们更容易也更有把握的猜想是，李冰父子熟悉阴阳五行、周易八卦……

在今天很多人的观念中，阴阳五行、周易八卦是“迷信”甚至“糟粕”，我们许多教科书也是这样说的。多年来，遭受这种“划界”结果伤害最严重的莫过于中医了，因为中医明确将阴阳五行作为理论支撑。

为中医辩护的理论路径

在 20 世纪上半叶，中医几乎已面临灭顶之灾。那时西医界和“科学界”在“是科学则存，非科学则亡”的口号之下，一次又一次地努力废除中医。而最令人惊奇的是，一些中医的支持者居然也接受了这个荒谬的口号，因此他们的“救亡”路径就变成竭力证明“中医也是科学”。

可是一旦试图论证“中医也是科学”，立刻就会面临这样的问题：中医是用什么理论来支撑的？如果答案还是“阴阳五行”，立刻就会遭遇更加气势汹汹的质问：难道阴阳五行也是科学？科学和“迷信糟粕”还有没有区别？正是在这样进退维谷的理论困境中，中医被一些“科学原教旨主义者”宣布为“伪科学”，让中医界人士痛心疾首。

这就需要从宏观上回顾一下中医的历史了。这种宏观的历史回顾具有明显的启发意义，却经常被人忽略。

在西医大举进入中国之前，毫无疑问，中华民族的健康就是由中医呵护的，这种呵护持续了几千年。若要问这种呵护的成效如何，我们只需注意到一个简单的事实：晚清的中国人口已达 4 亿。4 亿人口，这就是中医呵护中华民族健康的成效。放眼当时的世界，这个成效也足以傲视群伦。更何况如同都江堰至今仍然在灌溉滋养着天府之国——成都平原一样，中医中药至今仍然是许多国人面对疾病时的选项之一。

从理论上为中医辩护，路径有如下几条。

一、为中医争取“科学”地位（目前许多中医界人士和中医支持者就是这么做的），为此就要求承认阴阳五行也是“科学理论”，而这会遭到科学界的普遍反对。

二、坚持阴阳五行是“迷信”和“糟粕”，为此不惜将中医视为“伪科学”，某些思想上奉行“科学原教旨主义”的人士就是这么做的，但他们被中医界视为凶恶的敌人——从客观效果上看也确实如此。

如果采取更开放、更宽容的立场，就应该质疑“是科学则存，非科学则亡”这一原则。即使在科学技术已君临天下的今天，我们生活中也仍然存在着许许多多“非科学”的东西。比如，诗歌是科学吗？昆曲是科学吗？如果贯彻“是科学则存，非科学则亡”的原则，这些东西是不是都不允许存在？

诗歌、昆曲都是随意举的例子，并无深意，但下面这个问题却不是没有意义的：为什么从未见有人说诗歌或昆曲是“伪科学”？

一个“科学原教旨主义者”将会回答说，这是因为诗歌和昆曲从未宣称过自己是“科学”呀，而中医却试图将自己说成也是科学。

这个虚拟的回答却提示了中医在理论上“救亡”的第三条道路。

不再宣称自己是科学，而是理直气壮地说：我就是我，我就是中医。既然我没打算将自己说成科学，也就没有人能够将“伪科学”的帽子扣到我头上。至于你们愿意将我视为“科学”与否，我无所谓。

我们描绘外部世界的图像

现在我们不得不承认，并非所有的技术成就都是依靠现代科学理论来支撑的。至少有一些重要的技术成就是由非科学，甚至是由和现代科学格格不入的理论所支撑的。

一旦在理论上接纳了这一点，我们眼中的历史和世界，就会呈现出一番新面貌。

首先，现代科学理论不再是衡量古代和现代的各种技术成就的唯一标尺，我们不应该强制性地将技术成就区分成“科学的”和“非科学的”，甚至以此来决定我们对待某项技术成就是支持还是反对，是重视还是冷落。2015 年，屠呦呦因发现青蒿素获诺贝尔奖，应该有助于我们在这个问题上深入反思。

其次，我们有必要反思看待外部世界的现行方式——这种方式被许多人想当然地认为是看待外部世界最好、最“科学”的方式。在这种看待外部世界的方式中，我们不仅确信一个纯粹客观的“不以人的意志为转移的”外部世界的存在，而且确信自己能够认识和掌握这个世界的规律，还确信现代科学为我们描绘的这个世界的图景是唯一正确的（这种信念实际上排除了科学进步的可能）。在这样的观念框架中，现代科学以外的任何其他理论（比如阴阳五行理论）对外部世界的描绘，都被认为是毫无意义的“迷信”或“糟粕”。

而事实上，举例来说，我们对人类身体的认识就远远不够，所以至今西方人并不像我们习惯的那样将医学视为科学的一部分，而是将科学、数学、医学三者并列。用西方学者熟悉的话语来说，在中医和西医眼中，人体是两个完全不同的“故事”：一个有经络和穴位，一个却只看到肌肉、骨骼、血管、神经等等。由于我们的思想和意识寄居在其中，所以我们很难将人体视为一个纯粹的“客观存在”。

推而广之，我们对整个外部世界的认识，其实存在着类似状况。在堪称霍金“学术遗嘱”的《大设计》一书中，对我们如何认识外部世界的论述，是近年来最值得注意的哲学讨论之一，极富启发性。霍金表示，对于外部世界，他主张“依赖模型的实在论”（model-dependent realism），而所谓模型，就是我们用科学所描绘的外部世界图像。他强调指出，从古至今，人类一直在使用不同的图像描绘外部世界，而且这些图像在哲学上具有同等的合理性。根据霍金的上述观念，我们完全可以认为，支撑中医体系的阴阳五行理论，就是人类用来描述外部世界的图像之一，虽然这个图像我们今天已经很少使用了，但它又何尝没有哲学上的合理性呢？

奇葩的 Mohole 钻探计划

*

美国一直被世人认为“科学发达”，然而仔细一想，其实未必如此。那些通常被公认为历史上最伟大的科学理论都不是在美国产生的，比如，牛顿的万有引力理论是英国产品，爱因斯坦的相对论是在德国产生的，达尔文的进化论也是英国产品，康斯坦丁·齐奥尔科夫斯基（Konstantin E. Tsiolkovsky）的航天理论是俄国产品……其实，真正让世人感觉美国“科学发达”的，是美国的技术成就。这些技术成就中最具声望的，当然一是曼哈顿工程，造出了原子弹，奠定了美国的全球军事霸权根基；二是阿波罗登月工程，以科学的名义树起了一块冷战里程碑。这两项工程都是真正的技术成就。

一个非常“科学”的奇葩计划

原子弹造出来了，也向日本的广岛和长崎投放过了，曼哈顿工程的规模和成绩确实令人振奋。进入 20 世纪 50 年代，世界两大阵营的冷战已经开启，美国的一些科学家，确切地说是一些“地球科学家”，眼看着核物理、生物医学、空间科学等都拿到了大把的国家资助，而自己却在一旁坐冷板凳，实在不甘寂寞，他们迫切希望在本学科也能上马一个大科学工程，好让政府再次投入巨额资金。

1957 年年初，有人想出了一个匪夷所思的项目：在海底钻一个前所未有的深孔，这个孔要穿过地壳，到达地幔。具体的想法是在 14000 英尺的深海中，再从海底向下钻 18000 英尺。这个被命名为“Mohole 钻探计划”的项目，当年 3 月份居然在美国“国家科学基金会”的小组会上开始审理了。

那时有一个“美国杂项协会”（American Misscellaneous Society，简称 AMSOC），本质上是一个近于沙龙性质的、缺乏严密规范组织的民间学会，有不少地球科学家乐于宣称自己是“美国杂项学会”的成员。据说“‘美国杂项学会’既未尝试对科学界的事务产生影响力，也没有渴望这恶作剧的组织能改变科学界的沉闷”。

在一些人的建议下，“Mohole 钻探计划”被交给“美国杂项学会”来组织。于是，在喝着葡萄酒的早餐会上，开始组建钻探委员会。而“美国杂项学会”这个松散的民间组织也摇身一变，成了“国家科学院 / 国家研究委员会地球科学部‘美国杂项学会’委员会”这样的官方机构。据说为了避免“美国杂项学会”这个名称“固有的轻率性”，获得“凝重感”，他们决定将“美国杂项学会”宣布为一个单词，而不再是若干个单词的缩写。

这个“Mohole 钻探计划”是非常“科学”的：它没有任何明确具体的目的——在地球上打这个洞是为了干什么呢？除了“进一步了解地球”“满足地球科学家的好奇心”之类的说法，找不出任何解释。然而“以科学的名义”似乎就够了，至少在当时似乎是够了。

总统当道具，钓鱼套路深

钻探委员会成立了，拨款也到位了。最初申请的是 3 万美元，但是“国家科学基金会”只给他们拨了 1.5 万美元。不过千万别小看这 1.5 万美元，“钓鱼工程”就是这么玩的，只要开了头，后面就好办啦。

到了下一年，1958 年的相关会议上，讨论的费用已经到

500 万美元了。项目当时的负责人在《科学美国人》杂志上写文章，谈到项目的目标，“获得地幔和深部地壳的各种岩石样本”，又说“虽然到达地幔是‘Mohole 钻探计划’的最终目标，但其中间步骤可能获得同样有价值和有趣的信息”。

又过了几个月，“美国杂项学会”会议上“暂定”的费用已经变成 1400 万美元了。据说确定这些费用的人“是科学家，而不是工程师”，他们既没有受过实施工程的训练，也不了解大型工程在项目设计、施工运营、成本估测等方面的复杂性。一位白宫科学顾问事后回忆自己是如何审查这 1400 万美元预算报告的：他粗粗浏览了一遍报告，一拍脑袋就同意了，“为什么不呢？这只不过是一次空间发射的费用”。

1961 年春，到了“Mohole 钻探计划”运行的第四年，项目迎来了高光时刻，包括时任美国总统肯尼迪、美国国家科学院院长、美国国家科学基金会主席的贺词。肯尼迪“向与‘Mohole 钻探计划’有关的所有人士表示祝贺……特别是所有那些将自己的才能和精力结合以实现这一重大成功的人员”。看上去真是振奋人心，最终项目预算已增至 1.25 亿美元。

但是“秀恩爱，死得快”，营造高光时刻的背后，竟是官员们深深的套路！同年 7 月，80 家对“Mohole 钻探计划”感兴趣的民营机构的 200 名代表被召集到华盛顿，聆听“国家科学基金会”官员的简报——基金会让他们来参与投标，当该项目的“接盘侠”。套路还是有作用的，甚至连资本家也会着道。截止到1961年9月11日（为什么是911呢），共有11家独立的或联合组成的机构提交了投标计划，其中包括美孚石油公司、通用电气公司等著名公司，最后在1962年2月，“布朗&鲁特”中标。“国家科学基金会”想脱身了。

“布朗&鲁特”接了盘，刚开始还真的将项目当成“科学事业”认真去做，但很快与各方的矛盾都公开化了，而此时对项目的批评越来越多。新任“美国杂项学会”主席赫德伯格问道：“钻孔到地幔……从获得的科学信息的价值方面来看，谁能说出这个未知领域的最大价值将会在哪里？”《财富》（*Fortune*）杂志发表了题为“‘国家科学基金会’如何迷失在‘Mohole钻探计划’中”的长篇文章，质疑“国家科学基金会”的诚信和能力。而《新闻周刊》（*Newsweek*）的文章题为“无孔项目”，里面说“许多声望显著的科学家已经失去了对‘Mohole钻探计划’的信心”。

在回顾中看问题

其实“Mohole钻探计划”根本不是由科学发展的内在

逻辑所产生的，而是“科学政治学”的产物。它的目的，用大白话来说，就是“忽悠各方，骗取经费”。它的鼓吹者则将它说成“一个非常令人兴奋的项目”“会激发公众想象的东西”，并兜售这样的观点：“这将是一个太空探测器的完美的反模拟，想想它能吸引到多少人对地球科学的关注！”鼓吹者关心的是吸引各方的注意力，而不是实际能获得的成果。

还有一个现在早已不为人关注的背景，或许对于大家理解“Mohole 钻探计划”这样的奇葩项目会有所帮助。数百年来，一直有人（比如著名天文学家哈雷）猜测地球是中空的，地下世界居住着某种高等智慧生物。这种猜测在 19 世纪的美国一度甚嚣尘上，1836 年，美国总统杰克逊甚至批准组建探险队去南极探索“空心地球”。“美国杂项学会”最初的成员中，知道这类往事的多半不乏其人，这或许是“Mohole 钻探计划”的某种隐秘的历史动因。

在美国国会，“Mohole 钻探计划”缺乏足够的支持者。在众议院，只有阿尔伯特·托马斯（Albert Thomas）是唯一有影响力的支持者；在参议院则完全没有这样的支持者。后来，项目又被牵扯进了党派斗争中的所谓政治献金丑闻（“布朗 & 鲁特”董事长向民主党的捐款被共和党人揪住攻击），就更雪上加霜了。

1966 年 8 月 24 日，参议院通过了国会 14921 号会议报告，第二天美国“国家科学基金会”发布了“终止 Mohole 钻探计划”的公告。这个奇葩的科学项目折腾了近 10 年，浪费了上亿美元，最后无果而终。

原子弹：技术与科学的分界在哪里？

*

科学是技术的基础吗？

许许多多人都毫无疑问地相信：科学是技术的基础，我们如果稍加注意，到处都可以看到类似这样的说法："如果我们不重视基础科学研究，我们的技术就会是无源之水，无本之木。"这种老生常谈大家都耳熟能详，但这种逻辑关系实际上相当虚幻：既没有人给出过学术论证，在科学技术的历史上也得不到支持。

多年来，在世人头脑中建构起"科学是技术的基础"这种图像的，范内瓦·布什的《科学：无尽的前沿》即便不是"始作俑者"，至少也是"劳苦功高"。《科学：无尽的前沿》是布什 1945 年呈送给美国总统罗斯福的一份内部报告，15 年后，在冷战的“峥嵘岁月”中，出于无法言说的目的，这份报告被公开出版，在许多国家产生了很大的影响。布什在报告的概要中说：

> 新产品和新工艺……依赖于新的原理和新的观念，而这些新原理和新观念本身又是来自基础研究的。基础科学研究是科学的资本。再者，我们已不能继续依赖这种科学资本的主要源泉——欧洲。

这段话中的前一句，从此被许多科学家、科学哲学研究者、科技政策研究者奉为圭臬，他们极其真诚地相信：美国是依靠科学才走上富强之路的。为什么会这样相信呢？其实仅仅是因为布什这样说了。而事实上，布什“基础科学研究是科学的资本”这句话，既不是学术论证，也不是事实陈述，更不是对此后历史的预言。

倒是布什的下一句话“科学资本的主要源泉——欧洲”，完全经得起科学历史的检验。事实上，迄今为止所有伟大的科学理论，没有一个出自美国。万有引力、进化论、原子模型、双螺旋模型等都是在英国产生的，相对论出自德国（广义相对论提出之后18年，爱因斯坦才去了美国），航天基础理论出自俄国（齐奥尔科夫斯基）……

原子弹的故事被人讲过千百次了，但为了探索技术和科学的分界，值得再讲一次。

原子理论：卢瑟福和玻尔都断言原子弹不可能

原子弹的故事，在以往的科学叙事和历史叙事中，有着双重的标杆作用，它经常被用来表明：一、科学是技术的基础（没有原子理论哪来原子弹）；二、美国因为重视科学所以富强（曼哈顿工程是美国“科学发达”的两大背书之一）。我们先来考察第一重标杆。

原子弹的理念最初起源于英国。H. G. 威尔斯在他的科幻小说《获得解放的世界》（*The World Set Free*）中想象了一种威力巨大的放射性武器，这种武器后来被称为原子弹。小说问世的前一年，英国大物理学家卢瑟福刚刚在前几年的实验基础上提出了原子理论。丹麦的物理学家玻尔又推进了卢瑟福的模型。不过这种关于原子的新颖理论，在当时远不像今天这样具有“经典”的权威，而是众说纷纭。1924 年，H. G. 威尔斯科幻小说的粉丝，后来的英国首相丘吉尔写了一篇文章，题为“人类行将集体自杀”。丘吉尔在文章中想象“一个比橘子还要小的炸弹”就有相当于 1000 吨炸药的威力，他担心政治家没有能力掌控如此可怕的武器。而按《剑桥科学史》(*The Cambridge History of Science*)第五卷的意见，却是“到了1925年年初，玻尔的理论完全崩溃了，原子物理学被埋在了废墟中”。

非常奇怪的是，发端于科幻小说的假想武器原子弹，虽然今天人们习惯于将它认定是建立在原子理论基础上的，但是当时原子理论最大的两位权威卢瑟福和玻尔，却都明确断言：原子弹这种武器是不可能造出来的。

卢瑟福被爱因斯坦称为“有史以来最伟大的实验物理学家之一”，但他和当时许多原子物理学家都拒斥制造原子弹的可能性，卢瑟福“任何试图从原子的嬗变中寻找能源的人都是在痴人说梦”的断言成为1933年9月12日《纽约时报》的头版新闻。1937年，卢瑟福在巨大的科学荣誉中逝世，玻尔接过了拒斥原子弹的大旗，直到1939年，玻尔仍然坚信“核裂变炸弹是行不通的”。

但是到这时候，原子弹的想法已经翻腾在欧洲许多科学家、政客、军人的脑海中了。根据1938年的《慕尼黑协定》(Munich Agreement)，纳粹德国吞并了捷克斯洛伐克的苏台德地区，欧洲最重要的铀矿落入纳粹手中。德国公司的科学家很快向德国陆军军械局指出了铀原料的战争意义，之后不久，“德国铀项目”也开始进入快车道。

技术和科学在这里分界

故事到这里就比较有意思了：原子弹依据的科学理论当然是原子理论，但是原子理论的奠基人、两位最大的权威，为什么不约而同地坚定拒斥制造原子弹的可能性呢？原因其实也很简单：就是因为在技术上无法达成。当时物理学家普遍相信，需要几千千克的铀，才有可能启动核裂变的链式反应，而在当时，不仅备制如此巨量的核原料难以想象，而且在如此巨量的铀中引发裂变链式反应的技术手段也很难想象。

但就在此时，技术以令人惊艳的形象登场了。

有一份简短的文件“弗里希–派尔斯备忘录”（*Frisch-Peierls memorandum*），被称为“改变世界的备忘录”。据说数十年来许多核武器专家都不知道这份备忘录，因为第二次世界大战之后这份备忘录就遗失了。到20世纪60年代，在英国原子能管理局的保险库中，发现了备忘录主体内容的一份抄件。更八卦的传说是，这份文件被人放在一个装玉米片的袋子里。

备忘录是两个流亡到英国的犹太人物理学家，奥地利人弗里希和德国人派尔斯在1940年3月写的。在物理学发展史上，这两人也就是二三流的水平，当时这种从纳粹统治地区流亡到英国的科学家和工程师堪称成群结队，得到的待遇也不高，有点微薄的工资，能有一张办公桌就不错了。

简单地说，“弗里希 - 派尔斯备忘录”解决了制造原子弹的技术难题。他们通过计算表明：可以引发铀裂变链式反应的临界值，不是先前物理学家普遍相信的几千千克，而是只要11 磅左右！也就是说，只要一个橙子大小的一块铀，就可以造出一枚原子弹！这样一来，不仅备制核原料的任务大大减轻，而且引发那样一小块铀的裂变链式反应，技术难度也明显降低了。

计算的结果把弗里希和派尔斯吓坏了——他们知道希特勒也在研制原子弹，所以他们首先想到的是仍然效忠纳粹当局的德国物理学家也很容易发现这个秘密！两人马不停蹄完善了计算，就向英国有关方面的高层汇报。

这个惊天秘密很快在英国和美国的高层传开了，这才有了后面美国的曼哈顿工程，一部分英国科学家和工程师参加了曼哈顿工程。所以尽管是美国抢先造出了原子弹并率先使用了这种武器，但按《技术史》（*A History of Technology*）第六卷的意见：“美国在原子物理学的大发展中没有起到先锋作用。”

后面的故事不用再讲了，但有一个问题可以思考：如果没有原子弹和后来的核电站（受控核裂变）这样的技术成就，原子理论的命运会怎样呢？估计充其量也就和今天的弦、黑洞、暗物质这类玄之又玄的理论一样。

发明：长久使用还是过眼云烟？

*

服役半个多世纪的 B-52 轰炸机

美国一直被人们认为是世界创新潮流的引领者，而军事装备，无疑又应该是创新最急切、最见效的领域。然而，类似下面这样的例子，却经常被人们忽视。

美国的 B-52 轰炸机，有“同温层堡垒”之称，这种飞机从 1952 年首飞，到 1962 年停产为止，前后总共生产了 8 个型号共 744 架。但令人惊奇的是，半个多世纪过去了，这种轰炸机至今仍在美国空军服役，而且仍然是美军远程战略轰炸的主力机种。据说现已有祖孙都曾担任 B-52 飞行员的故事了。这样的技术成果，以及这样的成果应用，和我们习惯的关于“创新”的印象，是一种什么关系呢？

在很长一段时间，我们已经习惯以创新为中心来描述科学技术的发展，将人类科学技术的发展想象成是由一系列无穷无尽的创新所组成的。我们也习惯用同样的思路来评价某个阶段、某个群体、某个国家的科技发展成效，甚至也用这样的思路来要求、评价科学家或学者的个体行为，例如在各种各样的表格中经常会要求填写“申请专利数”或“创新点”。

可是，如果我们认真考虑 B-52 轰炸机和其他类似的例子，尝试另一种思路，有没有可能出现一种大不相同的科学技术发展图景呢？这种例子被英国科学史家大卫·埃杰顿（David Edgerton）称为“使用中的技术”（technology-in-use）。这很容易让人联想到著名科学知识社会学家布鲁诺·拉图尔（Bruno Latour）非常激进的观点：“现代人所相信的现代，从未存在过。”这甚至还让我联想到了美国政治理论家罗素·柯克（Russel Kirk）的观点：“创新通常更像吞噬人类的火灾，而不是进步的火炬。”当然他不是在谈技术进步。

告别“未来主义”

在我读到蛊惑人心的《老科技的全球史》（*The Shock of the Old*）之前，我对于创新问题基本上不持立场，我不迷信创新，当然也不排斥创新。我和许许多多人一样，想当然地认为创新总是好的。

如果说我在创新问题上曾经有过一点点离经叛道的想法的话，那只是我一直在悄悄盼望着这样一种学术成果出现：希望有人能够用统计数据告诉我们，究竟有多少创新是真正有用的。例如，选定一段足够长的时间，再选定某个领域，然后对该领域的专利进行统计分析，看看有多少专利是最终得到应用的，占多大的比例。在我的猜想中，这个比例应该是非常小的，大量专利的命运其实就是束之高阁，它们只是“备而不用”，等待某项发明产生巨大经济利益时，用来保障发明者的权益而已。这样的研究项目实施起来可能非常困难，当然也可能只是因为我的孤陋寡闻，我迄今还没见到这样的研究成果。

现在我在《老科技的全球史》中找到一处内容，至少和我上述盼望有关，甚至能间接支持我的上述猜想。作者指出，从专利数量之类的统计数据出发，很容易导向轻率的结论。例如，如果认为“专利数量”可以作为“发明能力”的表征，那么在 20 世纪末，日本的专利数量是美国的 3 倍，韩国是美国的 2 倍，但是人们能不能由此得出日韩的发明能力是美国的 3 倍或 2 倍这样的结论？

以前，我们常见的关于创新的歌颂，通常的做法就是开列“评功摆好”的功劳簿，正面陈述创新带来了哪些美好的结果。

这种思路被《老科技的全球史》的作者斥为“未来主义”，他认为这是关于科学技术发展的陈词滥调。我们更应该关心的是看待各种创新的态度，为此他尝试给出了若干评价创新的新标准，来改变人们对创新的盲目推崇和迷信。

为评价创新设立合理标准

哪些创新才是重要的？大卫·埃杰顿提出了两对概念——作为评价创新的更为合理的标准：“根本重点，是要区分使用（use）与有用（usefulness）、普遍（pervasiveness）与重要（significance）。”许多昙花一现的所谓“创新成果”，虽然也曾被短暂使用过，但很快就被人们抛弃和淡忘，成为过眼云烟；而另一些创新和发明则长期发挥着重要作用，这才是真正有用的。但奇怪的是，世人往往对真正有用的技术成果熟视无睹，却总是不停地追捧那些过眼云烟。

作为某种意义上的示范，大卫·埃杰顿用他自己的标准，从 8 个方面考察了科学技术史上的各种创新。

1. 重要性。这是为评价各种创新而设置的标准，着眼于客观效果，而不是理论上的重要性。例如，对于核能和火箭这两项技术，他认为如果“计算所有的成本效益，很可能会发现它们让世界变得更贫穷，而非更富庶了”，这可以视为有一定道理的一家之言。

2. 持久性。作者强调技术得到使用的持久性，将它作为评价创新或发明的重要指标。例如，谈到第二次世界大战中交战各国使用的技术时，人们往往关注新型坦克、V-2 火箭和雷达等，但其实德军运输物资的重要手段之一居然还是马匹，1945 年，在纳粹德国灭亡前夕，德军仍然使用着 120 万匹马。

3. 小型生产技术。包括许多带有手工业色彩的、直接关系到民生的技术。

4. 技术设备的保养。这是人们谈论创新时经常被完全忽视的方面，而这尤其会突出体现在那些被长期使用的技术设备中。

5. 尝试从国家层面来讨论对技术创新的看法，涉及冷战、跨国公司、意识形态影响等多方面对技术创新的影响。

6. 战争当然是促进创新的重要动力，除了各种武器，以及经济和科技对战争的影响，他甚至为刑讯逼供的技术安排了一小节。

7. 杀戮技术。作者展示了奇特的思路，不仅讨论战场杀敌的技术、种族灭绝的技术、实施死刑的技术，居然还包括了屠宰场的技术——他认为这是人类对别的生物的杀戮。

8. 做出发明的不同主体，展示了相当与众不同的观点。例如，作者认为公司经常走在发明的前列，而大学则往往只是在后面追随。他还认为以曼哈顿工程为标志的“大科学”，其重要性可能被人们高估了。

一个典型的个案是如今正炙手可热的生物医药行业。创新看起来层出不穷，但是对于这个领域“只要看穿表面上的热潮，就会发现其纪录相当令人失望……就临床药效的增进而言，生物科技的创新已经在没落了”。尽管政府和私人都在该领域投入了巨资，但对人类整体健康改善的贡献却不成比例，“部分原因是这些药物是用来治疗罕见疾病的”。

归根结底，大卫·埃杰顿其实并不反对创新。换一种眼光看创新，和鼓励创新并不矛盾。如果我们能够注意到，我们身边有许多早就让我们习以为常的事物，其实是技术史上的重要发明，就能够让我们的思路变得更开阔，眼光变得更全面。

作为一种反向思考，我们有必要不时想一想：在如今层出不穷的创新中，有几项能够得到足够广泛、足够持久的应用？我们是不是将太多的赞美给了那些其实不值一提的时髦的“创新”，却经常忽视了那些一直在身边造福于我们的发明？

由此产生的另一个问题是：我们应该习惯性地、无条件地、不假思索地拥抱每一项新的发明和技术吗？毕竟，许多新技术即使得到了广泛的应用，其利弊也需要足够长的时间才会被我们看清楚——杀虫剂就是一个典型例子。

我们如何知道太阳由什么构成?

*

近两年，全球多地持续高温，太阳的威力考验着世界上不同地区的人们。前天有人问我：网上说太阳表面有大约 6000℃，还说太阳因为内部持续的核聚变而向外辐射巨大能量……但这一切是通过什么途径知道的？人类显然不可能用任何仪器靠近太阳去测量啊。今天的太阳物理学家当然会说这是“小白问题”，但对更多人来说，这个平时不被我们注意的问题倒也有些趣味，而且还有一点启发意义。

光谱的早期故事

迄今为止人类确实无法接近太阳，且不说太阳表面约

6000℃的高温，何况去往太阳还要穿过温度高达百万摄氏度以上的日珥区域，人类也不能用望远镜观测太阳（会瞬间致盲）。人类现有的各种直接测量手段，针对太阳都无法实施。所以，1835 年，奥古斯特·孔德（Auguste Comte）有名言“恒星的化学组成是人类绝不能得到的知识”，之后这句话还被人们相信了数十年，但人们不知在他说这句名言之前 20 年，也就是 1814 年，打破这句名言的技术其实已经萌芽了。

让太阳光通过三棱镜展布成赤橙黄绿青蓝紫的光谱，是一个富有观赏价值和娱乐性的低难度物理实验。自从牛顿 1672 年在皇家学会报告了他数年前所做的这一实验之后，不断有人在做这类实验。1802 年，英国人威廉·海德·沃拉斯顿（William Hyde Wollaston）做这一实验时，在太阳光谱中发现了一些暗线，在红色、绿色、蓝色区域，他分别发现了 2 条、3 条、4 条暗线，可惜身兼医生和物理学家的沃拉斯顿对这些暗线没有深究，遂与名垂青史的机会失之交臂。当然沃拉斯顿也不算太冤，当年牛顿或许也有机会看到这些暗线，牛顿也没注意它们。

下一个注意到这些暗线的人是德国科学家夫琅禾费，他在 1814 年制作了第一台分光镜，这使得他能够比前人更细致地观察各种光谱。他在实验中先是发现，在油灯、蜡烛、酒精灯的火焰光谱中，都有一对黄色的亮线出现在同样位置。随后他开始观测太阳光谱，却发现了许多暗线。在灯光光谱中出现明亮黄线的位置，在太阳光谱中出现的却是一对暗线。1814—1817 年，夫琅禾费以极大的耐心从太阳光谱中数出了 576 条暗线，他还详细记录了这些暗线在光谱中的位置。他甚至还在金星的光谱中发现了同样的暗线。虽然夫琅禾费无法解释这些光谱线出现的原因，但是后来这些光谱线就被称为“夫琅禾费线”——有心人就是有机会名垂青史。

要解释太阳光谱中这些“夫琅禾费线”出现的原因，还需要等待 40 多年，在此期间孔德说出了上面那句名言，让许多人深信不疑。

夫琅禾费线的解释

1858—1859 年，德国化学家罗伯特 · 威廉 · 本生（Robert Wilhelm Bunsen）正处于兴奋状态，他发明的一种在化学实验室中用于加热的装置被称为“本生灯”，其实就是一种煤气灯，但火焰温度可高达 2000℃。本生忙着用本生灯来烧各种物质，比如钠、钾、锂、锶、钡……他发现不同的物质在燃烧时会呈现不同的颜色。本生由此设想可以根据火焰的不同颜色来判别不同物质，但当他将多种元素混合燃烧时，火焰却只呈现出占比最大的那种元素的颜色。

本生有个朋友古斯塔夫·罗伯特·基尔霍夫（Gustav Robert Kirchhoff）是物理学家，两人经常一起散步聊天讨论科学问题。基尔霍夫的实验室里有分光镜，于是本生灯 + 分光镜，两人开始一起研究各种燃烧物质的光谱，他们发现每种元素在特定的波长处都会产生特定的亮线，例如，当年夫琅禾费注意到的那对黄色亮线是钠元素发出的。

有一天晚上这两人还在海德堡的实验室中鼓捣光谱，远处忽起大火，两人以科学家特有的精神，将分光镜用来分析远处大火的光谱，在其中识别出了锶和钡的谱线。这件即兴的无聊之举给他们的启发是，既然光谱分析能够知道远处火光中的物质成分，那我们是不是也能知道太阳上的物质成分？这个听起来有点像痴人说梦的想法让两人感觉极为刺激，他们第二天就去实验室分析太阳光谱。

他们当然无意中又重复了夫琅禾费 40 多年前做过的工作，再次在太阳光谱中看到了那些夫琅禾费线。但这次情况有所不同：前一阶段在本生灯上烧各种物质再分析这些物质光谱的实验没有白做——他们发现那些物质在特定波长处出现的亮线，在太阳光谱中都能在相应位置上看到暗线。物质燃烧光谱中的亮线，对应太阳光谱中相同位置的暗线，这怎么解释呢？基尔霍夫让太阳光穿过他燃烧钠盐形成的钠蒸汽，结果太阳光谱中那两条对应着钠元素的暗线变得更暗了。

于是基尔霍夫提出假说，这也被称为“基尔霍夫定律”，用通俗语言表达为：1. 每一种化学元素都能在自身的燃烧光谱中发射出亮线；2. 每一种元素在温度较低的状态下都能吸收它所能发射的谱线而形成暗线。这个定律可以解释太阳光谱中那些夫琅禾费线：因为太阳内部的温度更高，炽热的光线需要穿过相对较冷的外层才能到达地球，夫琅禾费暗线是较冷外层中同样元素的吸收而形成的。

应用技术和基础科学：究竟谁推动谁？

基尔霍夫的上述定律开启了证认太阳上化学元素的方便之门——通过和地球上已知元素的光谱比对，就可以知道太阳上有什么元素。各种更高效、更方便的光谱比对方法也次第出现。如今，天文学家已经在太阳光谱中发现了大约 26000 条谱线，地球上已知的百余种化学元素在太阳上至少已经证认出 68 种。现在已知太阳约 71% 是氢，27% 是氦，其余元素不管有多少种，总共只占约 2%。

在证认太阳元素的热潮中，有个英国人也名垂青史。天文学家诺尔曼·洛克耶（Norman Lockyer，有时译成洛基尔）以研究太阳著称，发明了新式的分光镜。他在 1868 年宣称，太阳光谱中有一条黄色亮线，无法与地球上任何已知元素对应，应该是一种太阳上的元素发出的，洛克耶将这种元素命名为“氦”（源自希腊语“太阳”），结果 27 年后真的在地球上发现了氦元素。洛克耶还来得及享受“第一个发现宇宙元素”的荣誉——他从 1869 年被任命为《自然》杂志的首任主编，一直任职 50 年，直到 1920 年去世。

太阳其实就是一颗普通恒星，所以对太阳光谱的分析方法立刻被大规模应用到别的恒星上，先大量收集和分类恒星的光谱，再借助理论物理的推算，人类对恒星的成分、温度都有了掌握。现在主流的恒星模型理论认为，像太阳这样的恒星，自身质量产生巨大引力要让它向内坍缩，而内部核聚变产生巨大压力要让它向外扩张，两者处于动态平衡而保持稳定。

长期以来，天文学一直被视为基础科学的冠冕，而基础科学被视为技术进步的源头。但回顾一下天文学的发展史就会发现：现代天文学每一个历史性的关键突破，都是应用技术提供的——望远镜最初并不是为观天而制作的，只是伽利略首次将它指向天空，开启了望远镜时代。夫琅禾费、基尔霍夫摆弄光谱都不是为了研究天文学，只是意外发现了新用途，开启了天体的光谱分析时代。第二次世界大战时的军用雷达当然不是研究天文学用的，只是战后人们发现它还可以接收天体在可见光波段之外的电磁辐射，开启了射电望远镜时代。这三个例子都是应用技术推动了基础科学，而不是相反。

第五章

在科学的边缘上

天文学与星占学的历史情缘（1）

*

从盛气凌人到矫枉过正

30 多年前我初学天文学史，当时满脑子是托勒密、哥白尼和开普勒之类，对中国古代那些几乎总是与星占学混合在一起的天文学史料不屑一顾，认为和古希腊、欧洲相比，中国古代的天文学史实在是太落后了。对一个在大学里念天体物理学的人来说，出现这种态度是很自然的，因为在大学天文学系里学的是“现代”天文学，而所谓的“现代”天文学可以说全部都是西方的。

我当年的这种态度，早在几百年前，那些受西方天文学知识哺育的欧洲人士初遇传统中国天文学时就出现了。比如，16 世纪末来华的耶稣会传教士利玛窦（Mathew Ricci）说：

> 他们把注意力全部集中于我们的科学家称为占星学的那种天文学方面；他们相信我们地球上所发生的一切事情都取决于星象。

法国学者达朗贝尔（M. Delambre）也认为“中国历史虽长，但天文学简直没有在中国发生过”。而塞迪洛（A. Sedillot）的说法更为刺耳：

> 他们是迷信或占星术实践的奴隶，一直没有从其中解放出来……中国人并不用对自然现象兴致勃勃的好奇心去考察那星辰密布的天穹，以便彻底了解它的规律和原因，而是把他们那令人敬佩的特殊毅力全部用在对天文学毫无价值的胡言乱语方面，这是一种野蛮习俗的悲惨后果。

这些带有浓厚文化优越感的、盛气凌人的傲慢言论，当然会引起中国学者的反感。对中国古代史料采取虚无主义或一概摒弃的态度，早已被证明是错误的。然而，上面那些外国人的刺耳评论，似乎一直在国内天文学史经典作者的耳际挥之不去，它们刺激着这些作者，为了驳斥这些评论，作者们自觉或不自觉地描绘了一幅矫枉过正的图景，这给此后的研究留下了深远的影响。

例如，国内学者在天文学史方面的经典之作是两部同名的《中国天文学史》。一部出版于 1981 年，署名“中国天文学史整理研究小组”（科学出版社），实际上主要出于席泽宗院士和薄树人先生之手。另一部出版于 1980 年，由陈遵妫先生主编（上海人民出版社）。在这两部书里，星占学都没有位置，两书的目录中都找不到任何标有“星占”字样的章节，也几乎没有章节涉及星占。这两部著作在客观上向读者传达了这样的信息：在中国历史上，星占学是无足轻重的，但我们有着发达而辉煌的天文学，值得大书特书（陈遵妫的《中国天文学史》有 4 册、2300 余页之多）。

新中国天文学家最著名的论文

在中国天文学史草创时期，这样的做法可能是无可非议的。但随着学科沿着自身内在逻辑向前发展，问题就渐渐显现出来了。

在古代，星占学活动和天文学工具原本是密不可分的。经典著作的编著者肯定也知道这一点。事实上，在自己的研究工作中，他们并不拒绝考察和使用星占学史料。下面就是一个极为著名的例子。

20 世纪 40 年代，天体物理学家证认出，金牛座蟹状星云就是公元 1054 年超新星爆发的遗迹，关于这次爆发，中国古籍中有最为详细的记载。随着射电望远镜的发展，1949 年天文学家又发现蟹状星云是一个很强的射电源。20 世纪 50 年代，天文学家又在公元 1572 年超新星和公元 1604 年超新星爆发遗迹中发现了射电源。

天文学家于是形成如下猜想——超新星爆发后可能会形成射电源。

超新星爆发是极为罕见的天象，要验证天文学家的上述设想，不可能等待千百年，只能求之于历史记载。席泽宗院士于 1955 年发表《古新星新表》，充分利用中国古代天象记录完备、持续和准确的巨大优势，考订了从殷商时代至公元 1700 年，共 90 次新星和超新星的爆发记录。1965 年，席泽宗又与薄树人合作，对《古新星新表》做了进一步修订，补充了朝鲜和日本的有关史料，制成一份更为完善的新星和超新星爆发编年记录表，即《中、朝、日三国古代的新星记录及其在射电天文学中的意义》，总数则仍为 90 次。此文又提出了从彗星和其他变星记录中鉴别新星爆发的七项判据，以及从新星记录中区别超新星爆发的两项标准，并且根据历史记录讨论了超新星的爆发频率。

《古新星新表》一发表，立刻引起美、苏两国高度重视。两国都先对该文进行报道，随后译出全文。当时的苏联如此反应自在情理之中；但考虑到当时中国与西方世界的紧张关系，美国的反应就有点引人注目了——当然美国天文学家可以不去管政治的事。

在国内，《古新星新表》得到中国科学院竺可桢副院长的高度评价，他将此文与《中国地震资料年表》并列为新中国成立以来科学史研究的两项重要成果——事实上，未来天体物理学的发展使《古新星新表》的重要性远远超出他当时的想象。此后 20 多年中，世界各国天文学家在讨论超新星、射电源、脉冲星、中子星、X 射线源、γ 射线源等最新的天文学进展时，引用这项工作达 1000 次以上。在国际天文学界最著名的杂志之一《天空与望远镜》上出现的评论说："可能所有发表在《天文学报》上的论文中最著名的两篇，就是席泽宗在 1955 年和 1965 年关于中国超新星记录的文章。"而美国天文学家奥托·斯特鲁韦（Otto Struve）等人那本经常被引用的名著《二十世纪天文学》中，只提到一项中国天文学家的工作，就是《古新星新表》。一项工作达到如此高的被引用率，受到如此高度的重视，而且与此后如此众多的新进展联系在一起，这在当代堪称盛况。

是星占学文献保存了天文学史料

上面的例子表明了中国古代天象记录可以有巨大的科学价值，但要特别注意：这些记录完全是作为星占学资料被保存下来的。我们来看几则1054年超新星爆发在中国古籍中的记载。

> 至和元年五月己丑（按即公元1054年7月4日），（客星）出天关东南，可数寸，岁余稍没。（《宋史·天文志》）
>
> 嘉祐元年……三月丁巳，诏礼部贡举。辛未，司天监言：自至和元年五月，客星晨出东方守天关，至是没。（《宋史·仁宗本纪》）
>
> 至和元年五月己丑，客星晨出天关之东南可数寸（嘉祐元年三月乃没）。（《续资治通鉴长编》卷一七六）
>
> 至和元年七月二十二日，守将作监致仕杨惟德言：伏睹客星出现，其星上微有光彩，黄色。谨案《黄帝掌握占》云：客星不犯毕，明盛者，主国有大贤。乞付史馆，容百官称贺。诏送史馆。（《宋会要》卷五二）
>
> 嘉祐元年三月，司天监言：客星没，客去之兆也。初，至和元年五月，晨出东方，守天关，昼见如太白，芒角四出，色赤白，凡见二十三日。（《宋会要》卷五二）

第四条特别有意思：一位“离休干部”杨惟德（他曾长期在皇家天学机构中担任要职）上书，认为根据星占学理论，此次超新星爆发兆示“国有大贤”，因此请求将有关记录交付史馆，并让百官称贺，皇帝批准了他的请求。

科学史料就是这样隐藏在星占学文献之中的。这个例子不仅成为利用古代星占学文献为现代天文学服务的典范，而且为中国的天文学史研究开辟了一个新的方向。然而，令人稍感奇怪的是，对于这样一个辉煌的范例，成于席泽宗和薄树人之手的《中国天文学史》一书中却处理得极为低调，连一个专门的小节也未给，而且特别淡化了星占学文献。这固然可以用作者的谦虚来解释，但会不会还有更深层的原因呢？

天文学与星占学的历史情缘（2）

*

有科学背景的人都躲着星占学

我曾发现一个有趣的现象：凡是受过正规天文学训练，或所从事之职业与天文学有关的人士，通常总是坚决地、极为自觉地与星占学“划清界限”。不仅国内的情形如此，国外看来也是如此。

20 年前，我还在中国科学院上海天文台工作，记得有一次参与接待一个国外的天文教育代表团——由西方发达国家的天文系教授、中学天文学教师、天文爱好者等组成。在座谈中，我向他们提了这样一个问题：如果发现你的学生在阅读星占学书籍，你会怎么办？不料他们纷纷做出非常激烈的表示，大致不外“这是伪科学！”“看这种书是浪费时间！”“他们应该去读更有价值的东西！”等等，竟没有一个人发表宽容的看法。

而另一方面，在广大未受过天文学训练的公众中（包括许多知识分子、政府官员、传媒从业人员等等），对星占学感兴趣的大有人在。这些人士对星占学通常有着将信将疑的认识。例如，他们经常喜欢向我提的问题有：星占学真能预言未来吗？你信不信星座？许多人还抱着很大的兴趣阅读有关星占学的书籍。在他们看来，研究星占学似乎本来就是天文学史的题中应有之义——例如，不止一位我在天文台的同事曾想当然地认为我掌握了算命看相之类的方术。

事实上，后一类人士正好加深了专业学者的顾虑——竭力淡化与星占学的关系，还难免被人误认为和星占学是一家，要是不竭力淡化，那会弄成什么样子？也许这就是那个天文教育代表团的成员个个对星占学避之唯恐不及的原因吧。

天文学家可以谈论星占学吗？

天文学史的专家尽管并不拒绝在研究工作中使用星占学史料，但是在言辞之间总是尽量与星占学保持距离。这有点像严肃的学者通常总是尽量与伪科学保持距离一样。这种努力的客观效果是加深了一条沟：沟的一边，是在严肃的天文学史著作中，看不到星占学在历史上的实际地位和作用，看不到星占学和天文学产生交互作用的生动图景；沟的另一边，则是大量对星占学之类历史上的神秘知识体系感兴趣的读者，得不到正确知识，只好长期停留在低端读物的误导之中。

这条沟的背后其实还有更深层的原因，那就是学界长期以来对科学史这一学科性质的认识。科学史，它到底应该被看作科学的一个分支，还是历史学中的一部分？从常理来说，科学技术是人类生活中的一部分，研究它的历史，当然应该被看作广泛的历史的一部分。然而多年以来，科学技术史在中国却经常被作为科学的一个分支，或者是附庸。国内科学技术史研究力量最强的研究所，就是在中国科学院的管辖之下——中国科学院自然科学史研究所。高等院校中的科学技术史研究者，往往也都依附在天文学系、数学系、物理系、化学系……之中。1999 年，上海交通大学建立中国第一个科学史系，迈出了科学史学科在大学建制化的最重要一步，此后，一些科学史力量比较强的大学才有了独立的科学史院系。

造成这种现象的重要原因之一，是科学技术史对它的研究者有特殊要求。通常，研究某一门学科的历史，就要求研究者受过该学科的正规训练。例如研究天文学史，就要求研究者受过天文学的正规训练，一般的历史学家对此无能为力。久而久之，许多科学技术史研究者往往都觉得自己和所研究的学科之间的关系更近，而与历史学的关系较远。这种感觉尽管很自然，在学理上却是有问题的。

一个正统的历史学家或考古学家，如果他的研究中涉及历史上的星占学，或是其他的什么方术，他当然可以很自然地谈论它们，而不用担心他的同行有何非议。比如，考古学家李零出版了《中国方术考》《中国方术续考》，主编了《中国方术概观》丛书，他不用担心“歪门邪道”之讥，反而有“学识渊博”之誉。但是同样的情况倘若发生在一位天文学史专家身上，他往往就不能那么自然地谈论星占学了。他通常总是强烈地自认是天文学家中的一员，他多年受的教育——教他的老师很可能就像上述天文教育代表团的成员那样——使他觉得谈论星占学是一件不很体面的事情。也许正是这种思想顾虑，使得他们在《中国天文学史》中，甚至对星占学文献证明蟹状星云射电源是1054年超新星爆发遗迹这样精彩的科学案例也极力低调处理。

科学的血统问题

蟹状星云射电源虽然是一个比较特殊的例子，却也不乏某种普遍意义。

星占学与天文学在古代社会中的关系，基本上是“主仆关系”——作为工具的天文学是为星占学活动服务的，类似星占学的仆人。

这种关系到了欧洲文艺复兴后期开始出现明显变化，第谷·布拉赫（Tycho Brahe）和开普勒可以被视为这种变化的标志性人物。这对著名的师徒，其实都是当时驰誉欧洲的星占学家，但他们同时又是伟大的天文学家。然而在此后形成的传统科学史论述，总是尽量淡化他们的星占学活动和星占学家身份，只将他们的天文学活动“过滤”出来。

后来仆人自立门户，不再为主人执役了。再后来仆人在财富、声望和社会地位等方面都扶摇直上，呈现“爆发”之势，旧主人却渐呈破落之相，许多曾经趋炎附势的人非但不再登门，连路上见了面都不愿意打招呼了。仿佛为了表明自己出身高贵、血统纯正，就竭力掩饰自己曾经在旧主门下身为仆役的经历。

相对来说，研究天文学史的人还算比较念旧的，有时还去星占学那儿拜访拜访，叙叙旧情，还会对他家尘封破柜里的值钱东西夸赞几句，安慰安慰旧主人寂寞的心。

星占学中固然有迷信成分，但它同时又是一种在古代社会起过积极作用的知识体系。考虑到它需要使用天文学知识，星占学成为古代世界极少的几种精密科学之一。这只要注意到如下事实就足以证明：星占学需要在给定的任意时刻计算出太阳、月亮和五大行星在天空的准确位置——而这恰恰是古代东西方天文学共同的终极问题。由于星占学必须利用天文学知识，所以它曾经极大地促进了天文学知识的积累和发展。就是把星占学称为另外一种意义上的天文学，也未尝不可。从历史的角度来看，星占学是人类发展史上非常重要的文化现象之一，研究这些现象本来就不必有任何顾虑。

至今仍有许多人认为，科学是人类迄今所拥有的最好、最可靠的知识。他们或者相信，只要假以时日，科学早晚可以解决一切问题，至多稍退一步，相信"只要时间足够长，科学就可以解释一切，包括传统上属于宗教和人文领域的那些永恒的人类奥秘"。这种信念当然是科学主义的基本信念，在西方早已退潮，被普遍摒弃。有人甚至夸张地将科学主义和法西斯主义相提并论。

即使接受某种程度的科学主义观念，将星占学看成巫术、迷信或魔法，也仍然割不断天文学和星占学之间的联系。正如《科学是魔法吗》（*On Science*）的作者布赖恩·里德雷（B.K. Ridley）所指出的：科学与魔法曾经融合在一起，即使到了今天，它们之间也难以截然分开，因为神秘主义的思想仍然无处不在。他强调："科学能够宣称已经从赫尔墨斯（神秘主义）的信仰或热情中完全解放出来吗？显然不能。迫切希望用科学来解释宗教、道德和审美，不就是一个明证吗？"同样，追求一种万有理论，试图说明宇宙的开端和终结（比如"大爆炸"宇宙学说），同样可以视为赫尔墨斯神秘主义的一种表现。

哥白尼和星占学的隐秘关系

*

哥白尼会和星占学有关系吗?

在以往我们熟悉的历史论述中，哥白尼是“科学革命”的旗帜，他的《天体运行论》是科学的经典。而在哥白尼稍后的第谷，以及第谷之后的开普勒，不仅在天文学上名垂青史，他们同时也是那个时代最著名的星占学家。但是哥白尼的名字，似乎从未和星占学发生关系。

确实，在哥白尼的《天体运行论》中，无一语及于星占学。从现有的文献来看，哥白尼没有绘制过一幅算命天宫图，没有发表过一部星占预言，“甚至没有撰写过一篇星占学赞美诗”，而上面这些行为，在哥白尼生活的那个时代，是相当普遍的。这难免使人怀疑：哥白尼会和他生活时代的文化氛围隔绝得那么彻底吗？对那个时代极为盛行的星占学活动，哥白尼真的能够“一尘不染”吗？

有这样的怀疑当然是合理的，但真要确立哥白尼和星占学的关系，我们必须看到足够的有力证据。2011 年，真有人打算认真给出这样的证据。罗伯特 · S. 韦斯特曼（Robert S. Westman）写了一本大部头著作《哥白尼问题：占星预言、怀疑主义与天体秩序》（*The Copernican Question: Prognostication, Skepticism, and Celestial Order*），他表示自己穷 23 载之功，始得撰成此书。此书中译本分上下两卷，近 1300 页。书中呈现了广阔的历史和文化背景，写作风格可能会让许多人或望而生畏，或如堕五里雾中，很快放弃对它的阅读尝试；但也会让一些人很快沉溺于其中，甚至产生类似“无力自拔”的感觉——也许这正是作者希望的效果。

时代背景：哥白尼和诺瓦拉

和一般的科学史著作不同，和以往库恩《哥白尼革命》之类或多或少以科学哲学为着眼点的著作也不同，韦斯特曼的书有更为浓厚的史学风格，历史材料非常丰富，问题讨论非常深入细致，甚至到了琐碎的地步。在这样不厌其烦的细致追问之下，许多先前人们没有注意到的细节就会被揭示出来，许多先前人们没有想到的问题就会被一起提出来。

比如，1496 年哥白尼来到博洛尼亚，居住在当地著名人士多梅尼科·玛丽亚·诺瓦拉（Domenico Maria Novara）的宅邸中。哥白尼是从诺瓦拉那里学习天文学的。

但这诺瓦拉何许人也？他是当时的星占学大家。在哲学上，诺瓦拉是一个新柏拉图主义者，这种哲学认为太阳至高无上，这显然对于日心学说是一种重要的思想资源。关于这一点，库恩在《哥白尼革命》中也指出过。但更重要的是，诺瓦拉又是当时活跃的星占学家，有着一堆博洛尼亚地区的星占学朋友。韦斯特曼认为，诺瓦拉不可能不在星占学方面对哥白尼产生某种程度的影响。

支持韦斯特曼这种想法的另一个理由，是当时的时代氛围。韦斯特曼详细描述了当时欧洲星占学极为流行的盛况，并且认为："15 世纪的最后 25 年，印刷术兴起之后，作为一种新现象而出现的学术性占星和民间流行预言……为后面详尽分析哥白尼思想的形成过程，做好了必要的铺垫。"

1496 年，哥白尼到达博洛尼亚时，米兰的皮科伯爵（Giovanni Pico）批判星占学的书刚刚出版，韦斯特曼认为："哥白尼自此以后考虑的一个主要问题，就是要回应皮科对行星秩序的质疑和否定，只不过这一点几乎不为人所觉察。"

这里可以补充一点历史背景：皮科对星占学的批判，可以说是当时欧洲重要的文化事件之一，引起了持久的反响。例如，将近 80 年后，当时欧洲的著名星占学 / 天文学家第谷，还在一次著名演讲中回应皮科，说皮科虽是唯一有真才实学的星占学反对者，但皮科死于三个星占学家预言他有生命危险的时刻，恰好证明了星占学的正确。所以哥白尼心心念念要回应皮科，在那个时代是非常有可能的，尽管这并不意味着《天体运行论》中必然出现关于星占学的论述。

科学革命和星占学

自从 1962 年库恩出版了《科学革命的结构》，尽管对"科学革命"的定义和论证都言人人殊，但在论述科学发展的历史时，"革命"成为时髦，不谈论"科学革命"好像就跟不上潮流了。

但韦斯特曼对"革命"是没有兴趣的。而且由于他力求回到历史现场，在大量的史料和细节面前，一切都变得细致而连续，通常我们想象的那种"革命"也就很难呈现了。根据我以往的阅读经验，通常在那种相当脱离历史现场和细节的"思想史"风格的作品中，才更容易看到"革命"。当然，一切历史都离不开某种程度的建构，到底是呈现连续的细节，还是呈现“革命”的高潮，基本上取决于作者的认识和选择。

韦斯特曼分析了《天体运行论》问世之后约半个世纪欧洲的天文学发展形势，特别是1572年的新星爆发和1577年的大彗星所产生的影响，深入讨论了开普勒思想的形成及其复杂性和开放性，还详细讨论了开普勒和伽利略两人之间的关系，以及他们和哥白尼思想之间的关系。事实上，他的《哥白尼问题：占星预言、怀疑主义与天体秩序》几乎就是一部以哥白尼为中心的15 ~ 17世纪的《欧洲天文学外史》。

在以往我们熟悉的论述中，通常不会将科学革命和星占学联系在一起，因为在我们已经习惯的认知中，认为这两者是冲突的，甚至是敌对的。但实际上，哥白尼的革命恰恰就发生在一个星占学极度盛行的时代，如果我们讨论哥白尼及其学说时，硬要将星占学极度兴盛的时代背景过滤掉，将讨论对象和时代氛围割裂开来，这确实没有道理。

对15 ~ 17世纪的欧洲而言，天文学确实在很大程度上扮演着星占学的数理工具这样一种角色，所以韦斯特曼关于哥白尼本人以及他的学说与星占学之间关系的猜测，至少是值得重视的。但是实事求是地说，要想确立哥白尼和星占学之间的关系，韦斯特曼给出的几条理由都还比较勉强，只能说他指出了这样一种可能：哥白尼写《天体运行论》是想为星占学提供更好的天文学工具。

关于哥白尼是不是革命者，韦斯特曼赞成并引述了库恩《哥白尼革命》中的意见，认为哥白尼学说是“制造革命的”（revolution-making）而非“革命性的”（revolutionary），这确实不失为一番相当高明的见解：

> 哥白尼的成就并不是“现实性的”（realist），即新的理论并没有对应现实成果，它最有价值之处，不在于显示了“自然的真相”，而在于它的启发性，在于随后带来了“丰富的成果”……正是从他这里开始，开普勒、伽利略、牛顿才能前赴后继，不断地想象他们的新世界。

从心灵遥感到科学遥视：一段超能力探索往事

*

自从现代科学获得崇高声誉之后，伪科学就成为一种傍生物出现在科学身边。伪科学希望沾科学的光，科学则不许伪科学混进自己的殿堂。有一部分科学共同体人士主张对伪科学斩尽杀绝，然而现代科学哲学又认为在科学和伪科学之间划界是不可能的。所以可行的策略通常是对伪科学有所宽容，因为许多现今科学理论无法解释的现象，只能一面姑且用伪科学或看起来很像伪科学的理论来解释，一面等待这些理论有朝一日成为科学。

对心灵遥感的心理实验

心灵遥感之说，古已有之。现实生活中，有着强烈感情联系的两个人之间，比如爱人、亲人之间，往往出现某种心灵感应。而佛家所言“六神通”中的“他心通”，即不借助通常的交流手段（语言文字、表情动作等）而了解别人的思想活动，亦迹近于此。对于这方面的传说，现代科学尚无法提供证明和解释，故通常被归入“怪力乱神”的神秘主义事物之列。心理学家有时会对此事发生兴趣，但又有不少人并不承认心理学有进入科学殿堂的资格。

进入20世纪下半叶，有些学者试图用“科学方法”来研究此事。第一步，是尝试对心灵遥感这种现象的存在给出科学共同体能够接受的证明。

美国人伯特尔德·施瓦茨（B. Schwartz）设计了这样一个实验：两个人分别在互相不能沟通信息的两个房间里，其中一人被称为“发出者”，另一人为“感受者”。实验开始时，由发出者在纸上画一张草图，表明他心中所想的事物；然后感受者在冥想中设法感受发出者心中所想的事物，也在纸上画出草图来。通过一系列这样的实验，获得了若干组可以对比的草图。从这些图来分析，心灵遥感似乎真的是可以存在的。

例如，发出者想的是一根读数为100华氏度的温度计，感受者画的是太阳和一个管状物；发出者想的是一个类似风筝的物件，感受者画了老式的电视天线；发出者想的是极地探险家休伯特·威尔金斯（Hubert Wilkins），感受者画了圣诞老人；发出者想的是一根点亮了的蜡烛，感受者画了四个彩灯；发出者想的是瑞典国旗，感受者画了和国旗同样长方形的书册；发出者想到了钥匙，感受者画了一个乐谱符号（钥匙 key 还有“曲调”和“琴键”之意）；发出者想到了香烟和火柴，感受者画了矗立发射的火箭并写了“黄色火焰”……

类似的例子还可以举下去，从这些例子看，心灵遥感的“科学”证据似乎还不能说很确切，但要完全否定显然更为困难，这一组一组的图案，相互之间毕竟有着较为明显的联系或联想关系。如果发出者的联想是海阔天空随意为之的，那感受者若仅凭随机瞎蒙，要蒙成上面这种结果，概率肯定小到难以想象。

当然，这里还隐藏着一个问题：发出者和感受者如果通同作弊，比如事先约定好所想事物的顺序，那整个实验就将毫无意义。施瓦茨报告说，发出者和感受者有时相互是熟人，有时也有临时起兴加入的志愿者。但我觉得可以相信的是，这些人的动机是探索心灵遥感是不是真的存在，如果通同作弊，那就是给实验捣乱了，他们应该不会有这种动机。

想入非非的科学遥视

既然心灵遥感真有可能存在，那就会有人想到利用它来办“大事”了。

比如，你会不会想，如果心灵遥感真的存在，那岂不是可以在间谍工作中大放异彩？哈哈，情报部门早就想到了。

美国国防情报局（DIA）至迟从20世纪70年代初就开始资助这类活动，这类活动持续了数十年。比如有一个设在佐治亚州亚特兰大的“远见研究所”（The Farsight Institute），号称是一个“非营利研究与教育机构”，“致力于意识科学的开发”。比起前面那种业余爱好者的小打小闹，“远见研究所”做得要“科学”多了，他们将自己搞的心灵遥感称为“科学遥视”（remote view，或remote perception）。

不过，要在间谍工作中使用科学遥视，需要解决一个问题：由于绝大部分间谍特工显然不是因为拥有心灵遥感之类的超能力而被招募的，而人群中只有一小部分人能够成为称职的间谍，所以要让间谍在工作中使用科学遥视，很难指望他们的天赋，而是需要将他们的这项超能力“培训”出来。

虽然本质上和前面施瓦茨等人做的并无不同，但从阵仗上看确实“科学”多了，比如制定了这样一些准则：遥视者不能饿着或吃得过饱、遥视必须在安静的环境中进行、遥视应避免香水香烟等气味的干扰，等等。他们甚至还弄出一段颇具邪教色彩的《科学遥视誓词》："因为我是一个有灵魂的人，所以我能够感知所有时间和空间范围之外的事物。我的意识可以与现在、过去与未来的一切同在。作为一个人，我生来就能感知，因而能够知道想要知道的一切。……我记下我的发现。"

要去遥视的对象，也不再是日常琐事，而是"国家大事"了。比如下面这一组：

1997 年 5 月 15 日，遥视对象：珠穆朗玛峰上的死亡事故。当下。

1997 年 5 月 27 日，遥视对象：三 K 党的年会。10 个月前的事件。

1997 年 5 月 30 日，遥视对象：哈勃望远镜的维修。3 个月前的事件。

1997 年 8 月 12 日，遥视对象：观察亚特兰大的疾病防治中心（复杂建筑）。当下。

1997 年 12 月 11 日，遥视对象：观察朝鲜社会的组织情况。当下。

前三次还可以看成某种训练，后两次的间谍气味就很难掩饰了。这样的"科学实验"到底算不算成功呢？恐怕只有天知道。至少当时的"远见研究所"所长认为是成功的。他们后来甚至发展到对外星文明的遥视，报告的结果看起来完全就是科幻小说了。

到底有没有超能力?

在有关研究者的报告中，心灵遥感这类超能力往往会在儿童时期表现出来。比如，父母心里想到某些事情，并未说出来，小娃娃却好像已经知道了。关于儿童拥有某些超能力，比如黑暗中能看见东西、有透视能力、能感知父母心中所想等等，民间报道颇多，古今名人也不乏承认自己儿时拥有某种超能力者。在大部分报道中，这种超能力随着年龄增大，接受教育之后，就会逐渐消失，纪晓岚将这种现象称为“智慧日开，神明日减”。

这种消失，至少有两方面原因：一是长辈往往告诫孩子，不要让别人知道自己拥有超能力，因为儿童缺乏社会经验，使用超能力会给自己招来祸患，也会被周围的人视为异类，招致嫉恨；二是因为现代科学理论无法解释超能力，所以在现代科学教育中，教师和教材都倾向于否认超能力存在的可能性，将超能力判定为欺骗和迷信。这两个原因都会促使孩子压抑自己的超能力，并逐渐摧毁孩子对自身超能力的信心，结果都会导向纪晓岚所说的“智慧日开，神明日减”。

20 世纪 70 年代和 80 年代之交，中国曾出现关于儿童“耳朵认字”的报道和研究热潮。当时支持者称之为“人体特异功能”，反对者则一口断定这些全是骗局。几十年后的今天，如果考虑到美国情报机构的那些“科学遥视”或“意识科学”的研究项目，就不难理解当时一些“人体特异功能”研究机构的军方背景了（他们当然会高度关注外军的各种动态）。而为了维护所谓的“科学纯洁性”，面对当代科学不能解释的现象，一概否认其真实性，则不仅武断，实际上也有碍科学自身的发展进步。

你命由你、由天，还是由基因？

*

人类基因组的“天书”神话

2000 年 6 月 26 日，当时的美国总统克林顿和英国首相布莱尔，在白宫和唐宁街同时宣布：“人类基因组”草稿已经完成。到 2006 年，人类 23 条染色体的测序工作全部完成。一项被誉为“可以与征服宇宙相媲美”的、被称为生命科学的“登月计划”的科学成就，隆重宣告达成。从那时算起，已经 23 年了，“人类基因组”早已进入公众话语。公众通常被告知的是，一部关于人类自身的“天书”被破译了，一部关于人类自身的“自传”被写成了。这是人类探索自身奥秘的里程碑，是继“曼哈顿工程”和阿波罗登月计划之后，人类科学史上的又一个伟大工程。

由于科学主义观念对出版社选题的影响，此后我们在国内见到的有关基因、遗传的书籍，绝大多数都是正面介绍的。例如，介绍关于人类基因组“天书”的释读时，通常都伴随着关于健康、长寿的科学畅想：某个基因导致了某种病，我们只要对该基因动动手脚，就可以治愈、防止、根除该疾病。有些人甚至已经开始将基因工程和永生联系起来。

即使2013年引进的迈克尔·桑德尔（Michael J.Sandel）的《反对完美——科技与人性的正义之战》（*The Case Against Perfection：Ethics in the Age of Genetic Engineering*），从伦理角度对上述畅想提出了异议，也是以对上述畅想信以为真为前提的。比如当时国内有些媒体将注意力集中到了《反对完美——科技与人性的正义之战》中的关于“定制一个孩子”的部分。“定制”孩子或利用基因工程改善自身的身体和智力，将带来一系列伦理问题，最容易想到的就是“公正”问题——如果只有富人才能够定制孩子或改善自身，那穷人就无法和他们平等竞争，富人就会在竞争中处于更优越的地位，结果他们就会得到更多的财富。于是，这样一项科学技术成就，就会成为加剧社会两极分化的罪恶工具。

然而，这种一个基因对应一个功能的“开关”场景，其实只是关于人类基因组“天书”神话中的想象而已。大多数基因工程的未来场景，迄今为止，都还只是想象而已。无论是“天书”释读、基因测病、基因测祖、基因剪辑、基因改造……全部是没有很高确定性后果的“基因占卜学”。在人类现有科技水准下，我们对人类基因组“天书”的意义和作用可能估计过高了。

从科学神话到“基因占卜学”

西方星占学理论中有“性格即命运”之说，意思是说：一个人的命运是由他在一系列关键时刻的选择造成的；而他在关键时刻的选择，则是由他的性格决定的，所以“性格即命运”。星占学家根据一个人出生的年、月、日、时推算出他的算命天宫图（horoscope），并从他的算命天宫图中推断出他的性格，甚至推断出他将面临哪些关键时刻。比如，一个人的性格自私卑怯，那么遇到考验时自然就会逃避甚至背叛；而一个慷慨豪迈的人面对考验则团结战友努力工作，结果人生道路就此分岔，最后不啻云泥之别。

现在，基因学家来了，他们发现上面的古代星占学叙事，可以完整地移用过来：一个人的命运是由他在一系列关键时刻的选择造成的；而他在关键时刻的选择，则是由他的基因决定的，所以说“基因即命运”。自私卑怯的人逃避甚至背叛是因为他的基因低劣，慷慨豪迈的人团结奋进是因为基因优秀。

例如，困扰着许多现代人，甚至能导致自杀的抑郁症。所谓的"抑郁症基因"通常被认为位于5-HTTLPR区域，具有这种基因的人，生活中会有何种表现？据说是"感觉自己受到了永久的诅咒"：最容易映入脑海的是各种失败、拒绝、困难、损失、羞辱，生活显然充满了苦难……而这一切如果真的是基因决定的，那一切鸡汤励志、药物治疗都注定是徒劳的，患者再垂死挣扎也没有用了。

但问题在于，基因与疾病或行为特征之间，很少存在一对一的简单关系，一种疾病或行为特征往往和许多基因相关，而每一种基因对行为特征的影响是非常微弱的。所以，即使基因学家已经能够对某种基因言之凿凿，仍然无法用它来明确判断和预言个体的行为，因为基因所指示的人类特征或行为都具有不确定性。比如"不忠基因"（48核苷酸序列在多巴胺受体DRD4基因的第三外显子exonIII上重复了7次），据说有此基因的人会对配偶不忠，但是从统计学上来看，情形却是这样的。

1.有"不忠基因"的人未必不忠（没有"不忠基因"的人当然也不一定忠诚）。2.基因不是不忠的终极原因。3.在有"不忠基因"的人群中，也不会人人不忠（这实际上只是第一条的推论）。所以，如果你想根据"不忠基因"来推断一个人对配偶忠诚与否，归根结底还只能是“基因占卜学”。

梦想应该有吗？万一实现了呢？

从克林顿和布莱尔满怀豪情地宣布人类基因组“天书”神话至今 20 多年了，如今那些用基因技术治病、防老、永生的科学畅想，或者已经成为“科普”中的老生常谈，或者因为没有什么振奋人心的进展而不得不沉寂。中国公众倒是看到了这样一些景象：韩春雨宣称搞成了基因剪辑大法立成网红，很快又因别的实验室都无法重复他的实验结果而宣布自行撤稿；国内外一大批商业化的基因测试公司如雨后春笋般冒出来（比如“23 与我”），急着用还远不靠谱的技术来变现。

对人类现有的科学技术水准而言，释读“天书”毕竟还不是天文学或物理学这样的精密学科，科学的局限性在基因检测方面目前仍然表现得非常明显。

当初，科学界极力鼓吹人类基因组的“天书”将如何造福人类，最激动人心的展望，就是治病、防病，甚至改良人类成为“超人”。女星安吉丽娜·朱莉听说自己患乳腺癌的概率较高，竟还没等乳腺癌上身，就先将乳腺割掉了，也被视为一曲科学的颂歌。

但是从人们对目前基因检测技术的评价来看，一些学者认为“基因检测公司根本无法对常见疾病的健康风险提出具体的科学预测”，那朱莉的决定究竟是不是明智，也就大有商榷的余地了。上面这些展望，其实很可能都言过其实了。目前，我们只能从“天书”中读到某些事件发生的不甚精确的概率——这正是“基因占卜学”的精义。

基因检测公司提供的“基因测祖”服务，作为一种费用已经不太高的游戏，在很多情况下玩一玩倒是也无不可，毕竟这不会让你面临“没患乳腺癌要不要先割掉乳腺”这样的艰难选择。不过，这种“测祖”结论，在绝大部分情况下是无法明确检验的，因此也没有理由太认真对待。而且，如果处在族裔认同敏感的环境中，这样的游戏也还是不玩为好。

“梦想还是应该有的，万一实现了呢?”这句网红话能不能用在基因检测技术上？毕竟健康是值得追求的吧？但是，想追什么梦，至少应该对梦的内容和后果有所认识。假定基因检测在未来克服了目前的局限性，可以对疾病和健康提供明确的具体预测了，这种检测也远不是完全有益无害的。我多年以前就在文章中说过：自身的健康信息是人类最严重的隐私之一，可以严重到连自己都不敢窥看！试想一下你 50 岁那年，基因检测报告说你 60 岁会死于抑郁症，那你后面 10 年怎么过？说不定阅读检测报告的当天，抑郁症就犯了！

作为修辞手段的科学革命和性革命

*

所谓“革命”，西文原有“循环往复”之意，拉丁文作revolutionibus——哥白尼那部被称为“革命”的著作《天体运行论》标题用的就是这个词，这是用来描述自然的；而在古代中国，“革命”的意思是将前朝“天命”革除，使之归于自己，建立新的王权，这是用来描述政治的。当代人往往不注意这个词义在中国和西方的原初差别。

怎样才能让学生愿意听科学史课呢

现代科学兴起已数百年，今天人们普遍相信科学取得了无数伟大进展，但是在20世纪上半叶，主流的看法仍将科学视为一个渐进过程。到 1962 年库恩出版了《科学革命的结构》，才出现标志性的变化。此后尽管对“科学革命”的定义和论证都言人人殊，但在论述科学发展的历史时，“革命说”成为主流和时髦。不谈论“科学革命”则会显得跟不上潮流了。

在这个潮流中，哥白尼、牛顿、达尔文、爱因斯坦等科学伟人的学说和业绩，纷纷成为科学革命理论中引人注目的个案。理论大家的通常套路是先选择某个人物进行深入研究，然后以这个研究成果作为支柱，构建起自己关于科学革命的理论体系。库恩在发表他的科学革命学说之前先出版了《哥白尼革命》，伯纳德·科恩（I. B. Cohen）也在发表《科学中的革命》（*Revolution in Science*）之前，出版了几本关于牛顿的书，最后一本就叫《牛顿革命》（*The Newtonian Revolution*），从书名上看，简直就是对库恩的高度模仿。

这些西方的科学史教授当然都是非常聪明的人。他们清楚地知道，再对学生和公众重复那些科学如何逐渐发展进步的老生常谈，已经无法叫座，必须求新求变。他们改为谈论科学史上一次又一次“激动人心的革命”，这样才能在教室里将昏昏欲睡的学生唤醒。

真的有“科学革命”吗

但是科学史上到底有没有“革命”呢？这在很大程度上只是一个观察角度问题，甚至可以说只是一个表达方式问题。这个结论可以从科恩的《科学中的革命》推论出来——当然他本人未必赞成这样的“误读”。

将科学发展的历史描述为若干次“革命”的结果，听起来确实不那么乏味。但是谈科学革命成了时髦，就形成了言必称革命的“泛革命化”局面——在科学史上挖掘出来的“革命”越来越多，以至于几乎每一个科学进展都被描述成“革命”。正如科恩所言：

> 近年来，几乎科学技术中每一个进步，都在每天的新闻报道中被描述成一场革命。……这也是这样一个简单事实的反映，即科学中已经发生了许多革命，而且还在继续发生着革命。

既然革命是如此之多，而且还“将要进行一系列连续的没有终点的革命”，那它们除了是“进展”或“进步”的同义语，还能是什么呢？

科恩多次将科学革命和政治革命进行对比，比如他说：

科学事业不同于政治领域和社会领域，对于不同的科学家给革命以合法地位的各个步骤，科学事业均已承认了；这样，尽管会受到科学中保守势力的抵制，但革命运动并不是非法的，并不会超出已被人们接受的科学变革的规范。

然而让我们想一想，一种所有相关的人——甚至包括"革命"的对象——都承认为合法的行动，又怎么能称得上"革命"呢？科恩也知道"科学革命"在理论上的困难，他承认"对于科学发展的哪些事件构成了革命，也还没有一致的意见"。

当然，用"革命"来描述科学进步，也不纯然只是概念游戏。事实上，这种表述方式的转换也有其积极意义，因为不同的表述方式会产生不同的要求和制约。当科恩将牛顿的综合描述为一场革命时，他不得不在更深入的讨论和更广泛的对比之下进行论述，这当然会迫使他讲出一些新东西。

作为一个旁证，我想起美国另一位科学史家多年前一篇广为传播的文章，他在文中以他特有的晦涩文风宣称：一场"不亚于哥白尼的科学革命"，在 17 世纪的中国已经发生！当然他的论断是经不起分析的，稍后就有不止一位中国学者指出了这一点。或许正是"泛革命化"的时髦引诱他犯下了这一错误。

异曲同工的“第一次性革命”

将“革命”当成一种修辞手段，用来吸引听众和读者，看来是有一点效果的。不仅讲科学史的人知道这一点，别的领域用这一招的也大有人在。比如，法拉梅兹·达伯霍瓦拉（Faramerz Dabhoiwala）在《性的起源——第一次性革命的历史》(*The Origins of Sex: A History of the First Sexual Revolution*）一书中谈论1600—1800年的“第一次性革命”。

在此之前，文艺复兴的浪潮已经席卷欧洲，性观念本来应该已经非常开放——看看《坎特伯雷故事集》(*The Canterbury Tales*）或《十日谈》(*Decameron*）里那些放荡不羁的故事就知道了。然而在1600年前后，伴随着宗教改革和新教的兴起，又出现了一股强力提倡禁欲礼教的潮流。1604年，英国国教会规定，教会法庭要起诉的罪行包括“偷情”，甚至已经订婚的青年男女如果有婚前偷情，也将成为罪行，例如在英国的威尔特郡，仅1600—1620年，平均每年约有50起这样的“罪案”被受理。1650年的法案试图让监管更严密、举证更容易，以至于任何没有结婚的男女“被发现在床上，或赤身裸体做任何事情”，都会被认定有罪！

所以“第一次性革命”的使命，就是要革这股禁欲潮流的命。1660年《通奸法案》被废除，1688年“光荣革命”之后，一些社会团体开始公然反抗。1702 年和 1709 年，两次有警察在试图拘捕站街妓女时被刺身亡；在伦敦东区，一千多名水手包围了地方治安法官，强迫他释放一群将要被送往感化院的“有罪”妓女。而此时上流社会同样不缺乏宽容甚至放荡的思想温床。苏格兰教会的华莱士主教（R. Wallace）写了一部严肃的著作，讨论“一种自由得多的性交易”。而在当时人的著作中，约克大主教布莱克本（L. Blackburne）和王后在一起时，他居然敢对王后说：“我曾经与您的首相在一起，他告诉我，您是一个明智的女性，毫不介意自己的丈夫拥有情人。”

从学理上来看，“第一次性革命”这样的说法，同样只是一种修辞手段。因为实际情况极为复杂，在时间上并不存在“革命成功”的清晰界限。如果认为“第一次性革命”到 1800 年基本成功，那又如何解释 1837 年维多利亚女王登基之后出现的潮流呢？“如今许多历史学家都同意，此种维多利亚时代严格约束性自由与抑制各种感官享受的朝纲一直延续至 1901 年，事实上它作为西方性文化的典型特征一直持续到 20 世纪 60 年代。”

最后，简单归纳上述“革命”叙事的基本套路，就是两条：如果发现有一点变化，就说这个变化是“革命性的”；如果发现变化比较大，就直接宣称这是一场“革命”。

关于古代世界的“天文学基本问题”

*

古代世界，无论中国还是其他古老文明，都有一个共同的“天文学基本问题”——在给定的时间和地点，推算出太阳、月亮、五大行星在天空中的位置。在大多数古代文明中，天文学只是星占学的工具，但这个工具本身，还是唯物主义的。天文学需要使用仪器进行观测，收集并积累观测数据，然后进行推算……几乎完全使用了现代科学研究的方法。

中西方两大体系

如今天文学家要想知道未来或过去的日、月、行星的位置，都可以用现代天体力学方法精确推算，这种方法是基于万有引力理论的。但是在两千多年前，中国古人已经能够预报日月交食和行星的位置，比如长沙马王堆汉墓出土的帛书《五星占》中已经有了初级形态的行星星历表。在没有天体力学方法的古代世界，古人是怎么做到的呢？

为了解决“天文学基本问题”，古代中国和西方世界使用了两种不同的体系。

西方的体系以古希腊托勒密《至大论》为集大成者，做法是先收集天文观测数据，然后设计出一个宇宙的几何模型（本轮/均轮系统），这个模型必须能够描述已有的观测数据，并且能够通过模型的运行演绎而预告新的天象。再通过观测来验证这些新天象是否准确发生，如果准确发生，模型即告成功；如未能准确发生，则修改模型——比如增加本轮的数量，调整各轮的直径、转速、转向、倾角等等，甚至可以改换模型的基本结构。

从托勒密到哥白尼，再到开普勒的行星运动三定律，都是几何模型。牛顿之后，使用天体力学方法推算，则是改为物理模型，但从“说明现象”这一本质问题来看，其实几何模型和物理模型的功能是一样的。

而古代中国人的办法更为简捷，就是通过长期观测日、月、五大行星这七个天体（中国古代称为“七政”）各自的“会合周期”（在地球上观测到的上述天体按同一方向两次经过黄道同一位置的时间间隔），并且观测记录七政各自在一个会合周期之内的运行情况（比如行星的顺行、逆行、留、伏等情况）。面对“天文学基本问题”，只需在此基础上进行会合周期的叠加即可，叠加到最后难免出现零头（最后一个不完整的周期），这也没问题，因为人们已经掌握了一个完整周期内的变化情况，零头部分同样可以推算。

用古代中国人的方法，同样可以推算出任意时刻的七政位置，以相当的精度解决“天文学基本问题”。如果说西方人的方法是几何模型 / 物理模型，那么古代中国人的方法可以称为数学模型——推算任意时刻的七政位置变成单纯的数学计算工作。

古代中国人的数学模型，搁置了宇宙结构问题，宇宙到底是什么样的结构我们可以不用去管它，但“天文学基本问题”照样可以解决。而古希腊的几何模型，给人以“知道宇宙结构”的假象——实际上这个模型并非宇宙的真实写照，托勒密在《至大论》一开头就明确指出这只是“几何表示”。到了现代的物理模型，看起来似乎像宇宙的真实写照了，其实按照霍金的论证，仍然只是外部世界的“图像”而已，由于这个图像一直在变换（地心说、日心说、开普勒行星运动三定律、现代天体力学……），所以同样并未在终极意义上解决宇宙的真实结构问题。

为何中国古代会出现上百部历法？

两千多年来，随着天文仪器的进步，对“天文学基本问题”的解答精度，也会相应提高要求。中西方两大体系都有各自提高精度的路径。

古希腊的几何体系，经过中世纪阿拉伯人的传承，有所发扬光大，一直持续到哥白尼革命之后。这个体系增加精度的主要办法，是增加本轮的数量。有人将这种过程类比为傅立叶级数的展开。随着本轮数量的增加，对七政运行的描述就可以更为精确。

例如，据1969年版《不列颠百科全书》说，中世纪晚期的《阿尔方索星表》（*Alfonsine Tables*）仍属托勒密体系，仅处理一个行星的运动就需要40～60个本轮。不过上述说法遭到天文学史专家欧文·金格里奇的质疑。而哥白尼虽然自诩“只需要34个圆就可以解释整个宇宙的结构和行星的舞蹈”，但金格里奇指出，由于哥白尼添加了许多本轮，他实际上使用了比托勒密体系更多的圆。

而古代中国人叠加会合周期的推算方法，则有另一个缺点——会合周期的微小误差会随着叠加而积累起来。所以增加精度的方法主要有两个：一是通过观测获取更为精确的七政会合周期数据，二是改用新的历元——历元实际上是七政会合周期叠加的起算点，改用新历元意味着将会合周期叠加在先前积累起来的误差清零（重新从误差为零开始积累）。

曾经有过一种被称为“上元积年”的思潮，试图为各种各样的周期找到一个理想的共同起算点——就好像众多速度不同的选手站在同一条起跑线上同时起跑。这样理想历元如果找到，显然会给以后的叠加推算带来方便。不幸的是，这样的理想历元即使存在，通常也在极其遥远的过去，而且求取这样的历元需要解算非常繁复的一次同余式组，其计算量在没有电脑的时代是骇人听闻的，所以这个思潮在流行数百年后逐渐消散。

古代中国解决“天文学基本问题”的数理内容，就构成了“历法”（注意不是现在我们使用的月份牌）。一部历法使用的年头多了，误差积累就会变得明显，于是就需要“改历”，即历法改革，改历通常就意味着制作一部新的历法。这就是在中国历史上发生过数十次改历、出现过上百部历法的原因。

如果认识不到上述问题，或虽能认识但无力解决，就会将一部历法使用很多年。例如中国唐代的《宣明历》，在日本被使用了 800 多年（862—1685 年）。

为什么需要解算“天文学基本问题”？

那么古人为什么要解决“天文学基本问题”？这可以有两个原因。

第一个原因是我们今天耳熟能详的“探索自然”。不过根据现有的知识，在古代世界抱有这样目的的天文学活动，如果真有的话，只可能发生在一个地方，那就是古希腊。这个原因比较简单，本身几乎没什么可讨论的。

第二个原因是为星占学服务。星占学活动几乎遍及古代世界每一个高度发展的文明，巴比伦、埃及、中国、印度、玛雅、阿拉伯……无不如此。星占学活动为何需要预先推算七政位置？可举一例以说明之，见《魏书·崔浩传》：

> （后秦）姚兴死之前岁也，太史奏：荧惑……忽然亡失，不知所在……浩（崔浩）对曰：“……是荧惑入秦矣。”……后八十余日，荧惑果出于东井，留守盘旋，秦中大旱赤地……明年，姚兴死……

仅仅被动依据已出现的天象作星占学解释或预言，那只是平庸的星占家。真正的星占学大师，必须掌握更高的技巧。崔浩能在火星（荧惑）看不见时预言其去向，而八十余日之后竟然真的应验，是因为崔浩正确掌握了火星的运行规律，知道火星当时正进入与太阳接近的方位，因此天黑后即没入地平线而无法看见。他又知道火星在这一阶段之后将运行至28宿的井宿区域，而井宿在分野上正对应秦。

足见一次具有高度蛊惑性的成功星占，除了需要星占学理论、政治情报、历史经验、社会心理等知识，历法——对日、月和五大行星位置的推算——也是必不可少的。所以崔浩的这次著名星占，是古代天文学为星占学服务的典型例证。

濒死体验：在科学的边缘上

*

科学是和非科学接壤的，在通常是相当模糊的科学边缘的另一边，当然就是伪科学和神秘主义了。很多时候，伪科学和神秘主义扮演了科学温床的角色；但也有很多时候，它们还不能演化成科学。濒死体验就是这样一个边缘上的学问，它和医学、心理学、宗教、文学、艺术、迷幻药……都有关系。

濒死体验的一般叙述

最初的濒死体验研究被追溯到 20 世纪 70 年代，美国医生雷蒙德·穆迪（Raymond A. Moody）写了《死后的世界》（*Life After Life*）一书，里面收集了一系列濒死体验的叙述，至少有一部分学者相信穆迪书中收集的例子是真实的。另一个美国医生林（K. Ring）对濒死体验进行了进一步的研究，将常见的濒死体验叙述归纳为五个阶段，分别命名为：平静、灵肉分离、进入黑暗（隧道）、见到光明、进入光明。大部分濒死体验叙述并不包含这五个阶段的全部，而只是包含其中的几个。据统计，完整包含上述五个阶段的濒死体验叙述不到 10%。

濒死体验的五个阶段大体上是这样的：1. 首先会突然获得一种平静的感觉；2. 随后灵肉分离，看到了自己在病床上的肉身，通常是从天花板之类的上方位置俯视的；3. 接着四周暗淡，场景收缩，出现了隧道；4. 隧道的尽头往往有光明，濒死体验的人在隧道中快速穿行，此时前尘往事历历在目，仿佛自己人生的回放；5. 来到光明的处所，遇见自己认识或不认识的人，往往会遇到自己死去的亲人，他们通常都沐浴在光辉之中。

有些濒死体验的叙述者表示，在上述过程中，他们感觉自己有“超距作用”，即能够以无穷大的速度在空间中移动，或者说，能够在瞬间从一个地方移动到另一个遥远的地方，比如从自己身处的医院瞬间到了地球另一边的某个国家。

而上述第二阶段，很像“灵魂出窍”的光景，引起了研究者很大的兴趣。因为这正是以一种新的方式接触了“人到底有没有灵魂”“灵魂能不能脱离肉体而继续存在”之类的古老问题。如果一个伤病者最终未能被抢救回来，那他的灵魂会不会仍然经历了上述濒死体验的五个阶段，只是现在他已经无法回来向身边的生者讲述了？

沿着这个思路往下设想：如果某些人具有能够在肉身死后继续存在的灵魂，那么这样的灵魂又将去往何处呢？最后这个猜想，不禁让人联想到中国旧派仙侠小说中常见的故事情节。

对濒死体验叙述的各种解释

按照现代科学所强调的“实验可重复”的判断标准，所有关于濒死体验的叙述，都难免有虚妄之嫌——因为任何一次濒死体验都是不可能重复的。套用卡尔·波普尔（Karl Popper）的科学哲学学说，则所有濒死体验的叙述当然也都是无法证伪的。所以，所有关于濒死体验的研究目前都不可能获得“科学”的资格。

我们可以将所有的濒死体验叙述分为两类：说谎者和未说谎者。

对于说谎者，解释起来比较简单：他们实际上并未经历濒死体验，他们的叙述之所以也能相当类似，是因为他们可以从宗教、美学等方面获得关于灵魂、天堂、地狱之类的言说及图像；或者更简单，他们已经读过别的濒死体验叙述，依葫芦画瓢地编造了自己的濒死体验叙述。目的则不外乎哗众取宠，或是游戏人生开开玩笑。

但对于未说谎者的濒死体验叙述，解释起来就有点学术色彩了。解释这些未说谎的濒死体验叙述，主要有两条路径。

第一条路径是神秘主义的，即同意有可以脱离肉体而存在并活动的灵魂，甚至同意存在着天堂、地狱等“彼岸世界”；只不过这个“彼岸世界”正常人无法到达，但濒死体验的亲历者可以到达，他们在被抢救回来后向人们叙述了自己曾经经历的场景。既然同意灵魂和“彼岸世界”真的可能存在，那么这些濒死体验叙述大体相似就可以合理解释了。有助于这一解释的还有一个现象：有一部分濒死体验叙述说自己见到了非常悲惨的景象，经历了非常痛苦的感受，这可以解释为他们在濒死体验中见到了地狱。

第二条路径则是唯物主义的，主要是设法用濒死时躯体经历了脑部缺氧来解释。对于脑部缺氧，人类已经有过一些实证研究。一些心理学家相信，人在脑部缺氧之后，就会产生见到隧道、见到光明的幻觉，这已经可以被视为一种生理现象。

这些研究成果中，有相当大一部分是通过服用迷幻药来获得的——麦角酸、麦司卡林等迷幻药能够使大脑产生类似缺氧的效果，而大脑缺氧产生的幻觉和濒死体验叙述中的一些过程相当近似。阿道司·赫胥黎（Aldous Huxley）服用迷幻药的案例就至少可以广义地被视为这类研究的一部分。与此同时，这还能帮助解释一部分濒死体验者报告的类似经历地狱的叙述。

在这条路径上，宗教信仰，或与宗教有关的文学、艺术、美学修养等，也能够被纳入来加强解释。因为一些研究表明，如果大脑因缺氧而导致功能紊乱，人就不得不调用记忆或梦境来帮助处理信息，许多濒死体验叙述或许就是这样形成的。

我亲闻的两次濒死体验叙述

十几年前，我曾在北京的一次小型饭局上，亲闻两位重要人士叙述自己的濒死体验。

第一位是当时的中国科学院政策局（后改为“战略规划局”）副局长田洺教授，他曾发生一次严重车祸，生命垂危，所幸后来被医生抢救回来。当他叙述他的濒死体验时，体内还安装着多处金属支架。后来他不幸病逝，享年 58 岁。

田洺教授所述的濒死体验基本属于标准状态：他平静地感觉自己飘浮在抢救室的天花板上，俯视着自己留在病床上的肉身，看到周围的医生护士为了抢救自己而忙碌。随后他穿过了一个通道，来到了一处非常明亮的环境中，见到一些人影。最后在恍恍惚惚的状态中，他感觉自己回到了病床上——其实那就是医生终于将他救活了。考虑到田洺教授是学生物学出身的，而且一直从事着与科学密切有关的工作，也不是宗教信徒，他的濒死体验叙述受宗教影响的可能性非常小。他更应该没有必要编造谎言故事来哗众取宠。所以我倾向于相信，田洺教授所述的濒死体验是真实的。

那晚的饭局上，还有台湾地区前著名影星、李敖的前妻胡因梦（胡茵梦），不过那时她已经告别演艺生涯多年，早就洗尽铅华，不复“从此辅大没有春天”光景。在听了田洺教授的濒死体验叙述后，胡因梦告诉我们，她也有过这样的体验。接着她叙述了她自己的濒死体验，其中也包括了飘浮在上空俯视自己的肉身、穿过通道去到明亮的处所等情节。是否包括遇见死去的亲人这一点我记不清了。

当时我很好奇地问她：“田洺教授是因为车祸而经历了濒死体验，你又是在什么情况下生命垂危的呢？”胡因梦说她并未生命垂危过，她是在服用致幻药物的情况下获得濒死体验的。她还相信在医生的指导下服用此类药物并无危险。考虑到胡因梦息影之后，就长期投身于“灵修”方面的活动，她服用致幻药物获得濒死体验，倒也是顺理成章的。因此，我同样倾向于相信，胡因梦叙述的濒死体验也很可能是真实的。

赫胥黎的迷幻药实验

*

阿道司·赫胥黎是著名的“达尔文的斗犬”托马斯·亨利·赫胥黎（Thomas Henry Huxley）的孙子。虽然，如果没有这样一个出名的祖父，阿道司·赫胥黎也可以算一个名人了——至少他写了幻想小说“反乌托邦三部曲”中的第二部《美丽新世界》（*Brave New World*）。但他还留下了另外两部篇幅很小的作品《知觉之门》（*The Doors of Perception*）和《天堂与地狱》（*Heaven and Hell*），连同 8 个技术性的附录，这才是我们这次要讲的故事。

20 世纪中叶关于迷幻药的时代背景

毒品问题是当今世界难以解决的痼疾之一。而毒品问题之所以难以解决，有一个通常不被人们注意的原因——毒品的界限问题。这个问题又包括两方面。首先是许多毒品在医疗中都被作为药品使用，虽然各国通常都严格管控，但终归是一条容易出问题的路径。而更重要的是，贩毒和吸毒的群体总是在不断探索和“研发”各种新的毒品，在政府将这些新品列入毒品名单之前，这类新品就可以大获其利。所以尽管各国政府的毒品名单越来越长，但对新毒品的探索也“与时俱进”，不见止息。

与此同时，长期以来，还有一些学者，包括著名科学家，业余对迷幻药进行研究。他们的目的当然不是制毒贩毒，而是对迷幻药如何作用于人的大脑和心智感兴趣，或是希望在迷幻药的作用下给自己的创作寻求灵感。

例如，20 世纪中叶，在西方文化人那里，吸食大麻曾是一种时尚。著名美国天文学家卡尔·萨根曾以笔名“Mr. X”发表了一篇谈论自己吸食大麻体验的文章，他宣称吸食大麻让他获得了对生命本质的“纯然的洞见”，还反对将大麻定为毒品，说“这严重阻碍了人类对这种药物的充分利用，日益疯狂和危险的世界迫切需要大麻带来的宁静、洞察力、敏感性”。萨根还曾和一个最初也搞一点科学研究后来却滑向伪科学的人物约翰·利利（John Lilly）打过交道，利利写过几本和迷幻药有关的书，当萨根来参观他的实验室时，他极力向萨根推荐迷幻药麦角酸。但萨根没敢服用，利利还向萨根推荐自己服用的麻醉剂卡他敏，但萨根当时也没敢碰，利利还感到失望。

在 20 世纪 60 年代美国的嬉皮士运动中，颓废青年们要搞摇滚，搞性解放，迷幻药又经常和春药混为一谈。当时有一种被印第安原住民当成神物食用的仙人掌（佩奥特掌，又名老头掌），以及其中的活性成分麦司卡林，就被视为有催情作用的神药，大行其道。

可能这些美国颓废青年不知道（他们中有些人应该知道），在上一个十年，在他们还是小娃娃的年代，《美丽新世界》的作者，英国人赫胥黎，已经深入研究过迷幻药，他不仅以身试药，而且进行了相当严密的学术研究和论证。

赫胥黎服用麦司卡林的实验

1953 年 5 月，一个春天的早晨，赫胥黎饮下了半杯溶有 0.4 克麦司卡林的水。从他的记述中看，他是在专业人士的陪伴监护之下进行这项实验的。考虑到迷幻药对人体可能产生的作用，他还让人录了音，以便将他服药后的语言记录下来。几小时之后，上午 11 点，赫胥黎又一次服药，这次的剂量未见记录，但显然是在前面的 0.4 克之上又追加了剂量。这次赫胥黎昏迷了过去，一个半小时后他醒来，似乎安然无恙。

《知觉之门》全篇主要的内容，就是赫胥黎服用麦司卡林后的感觉和所见的景象，以及他从宗教史、艺术史、心理学等方面对自己上述感觉和所见的考证及解释。赫胥黎对第一次服药后的部分描述是这样的：

> 服用麦司卡林半小时后，我逐渐意识到一束束金色的光泽缓慢地舞蹈。……但我一次都没有看到有人或动物的面孔和躯体，也未见风景、庞大的空间，或神奇扩张、变形的楼群。

但是在第二次服药，他昏迷一个半小时之后醒来，他看着眼前一束花的感觉是：

> 此刻我所见的并非意外打破规矩的花束，而是上帝初创亚当的那个清晨亚当所见的一切：每时每刻，存在皆裸露，奇迹皆涌现。

他感到时间和空间都没有了，被他忽略掉了。他相信麦司卡林让他去到了“他世界”，这是一个“人类不定期地与之接触”的世界，但肯定不是我们平常置身的那个世界。赫胥黎还相信，这个“他世界”可以通过修炼、借助药物，甚至因为某种偶然机缘而接触到，例如他相信，有些灵媒（宣称自己可以和死者沟通的人）可以经常并且长时间地感知，通常麦司卡林服食者只能短暂获得的神秘体验。

赫胥黎收集了一些和他类似的实验者的报告，和自己的实验记录综合起来，他考察服用麦司卡林后所产生的身心变化，归纳为四个方面。

思考能力：基本没有变化，他自己在药效作用期间的谈话录音也证实了这一点。

视觉：视觉印象会获得极大增强。

时空感受：对空间的兴趣减退，对时间的兴趣几乎丧失。

审美：审美感觉变得更为敏锐，比如对色彩的辨别度大幅提高。

在对服用麦司卡林后获得的各种感觉和幻觉进行考证、联想、解释时，赫胥黎展示了相当渊博的文化知识，他提到了《西藏生死之书》、威尔斯的作品、各种宗教中常用的麻醉剂和迷幻药，还指出在他之前 70 年已经有人做过服用麦司卡林的实验。

看见天堂，还是堕入地狱？

赫胥黎显然是一个有学术修养的人，所以他在《天堂与地狱》中对迷幻药的作用进行了相当严密的论证。他的这番论证（或者说建构），至少从形式上说能够言之成理，尽管从“科学事实”的角度来说当然是可疑的。

赫胥黎首先论述、归纳了服用迷幻药或被催眠的人，事后回忆所见的奇异景象，有相当的共同性。在多种报道中，以及赫胥黎自身的体验中，这些景象的共性包括：巨大的光明、雄伟壮丽的自然景观或建筑物、璀璨的珠宝……通过与世界各大宗教典籍中相关章节的比对，赫胥黎认为这些景象其实就是天堂的景象。

如果我们只是将赫胥黎描绘的这些景象称为天堂——不涉及天堂实际上是否存在，那么从统计的角度来看，大部分迷幻药服用者服用后见到的是天堂。这个统计结论至少可以得到如下事实的支持：通常吸毒者都承认吸毒后有快感（尽管成瘾会带给他们更多的痛苦）。

但赫胥黎接着论证，有少数迷幻药服用者在幻觉中看到或感知到的是地狱。

那么假定有两个受试者，都服用了足够剂量的麦司卡林，结果一个见到了天堂，另一个却见到了地狱，如何解释呢？赫胥黎居然能够给出解释：取决于服用者的心态！

赫胥黎认为，各种“消极感情”，比如恐惧、仇恨、愤怒、恶意等等，会让幻觉呈现出地狱的景象。非常有趣的是，他认为具有如下特征的人，在迷幻药作用下将见不到天堂，而是会见到地狱：

> 那些自鸣得意的所谓社会栋梁，他们义愤填膺，或者焦虑于财产和虚荣，或者具有根深蒂固的责备、鄙视、谴责他人的习惯。

这段话所描绘的人，在现实生活中不难遇见，比如某位近来大家非常熟悉的总统，就活脱是赫胥黎所描绘的光景。这位总统要是服用麦司卡林，相信他必见地狱，说不定就回不来了——幸好媒体报道说他现在每天服用的是另一种药物。